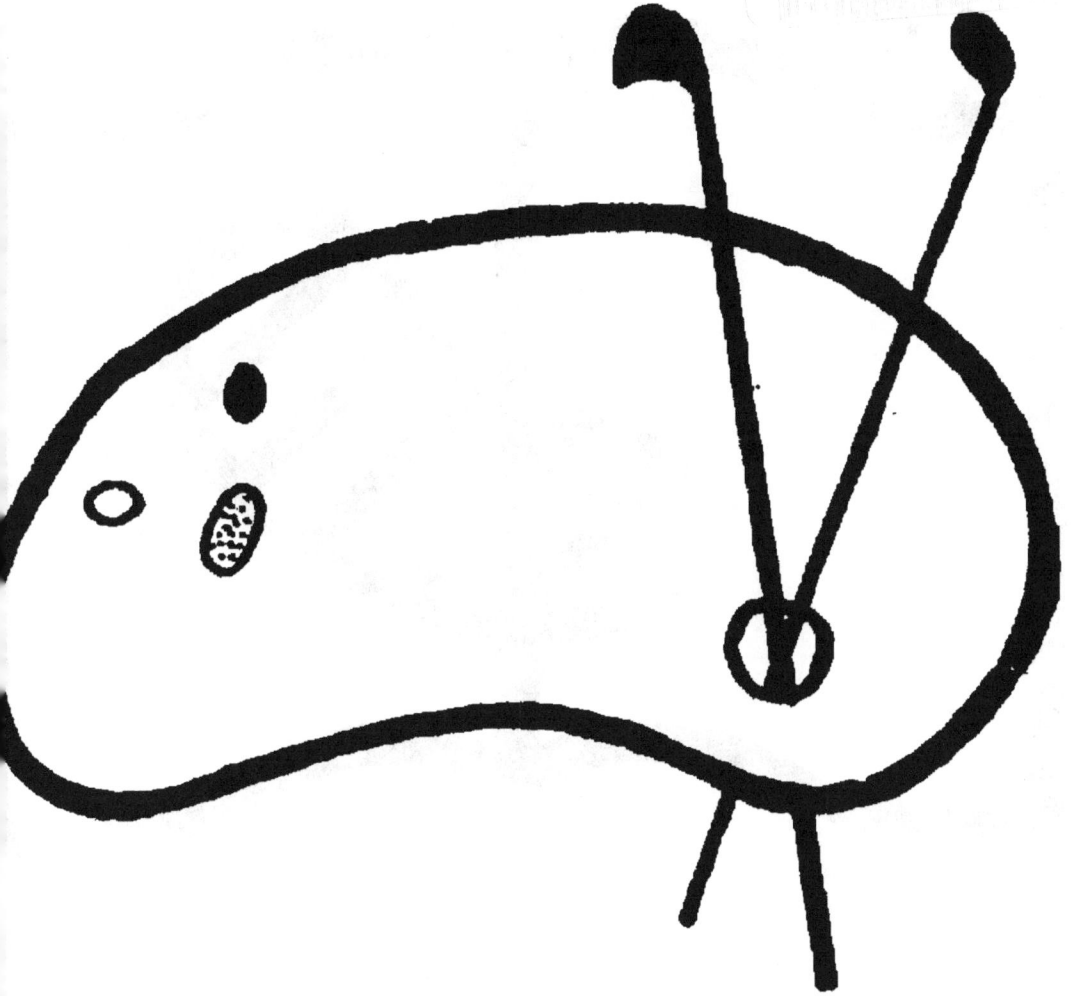

COUVERTURE SUPÉRIEURE ET INFÉRIEURE
EN COULEUR

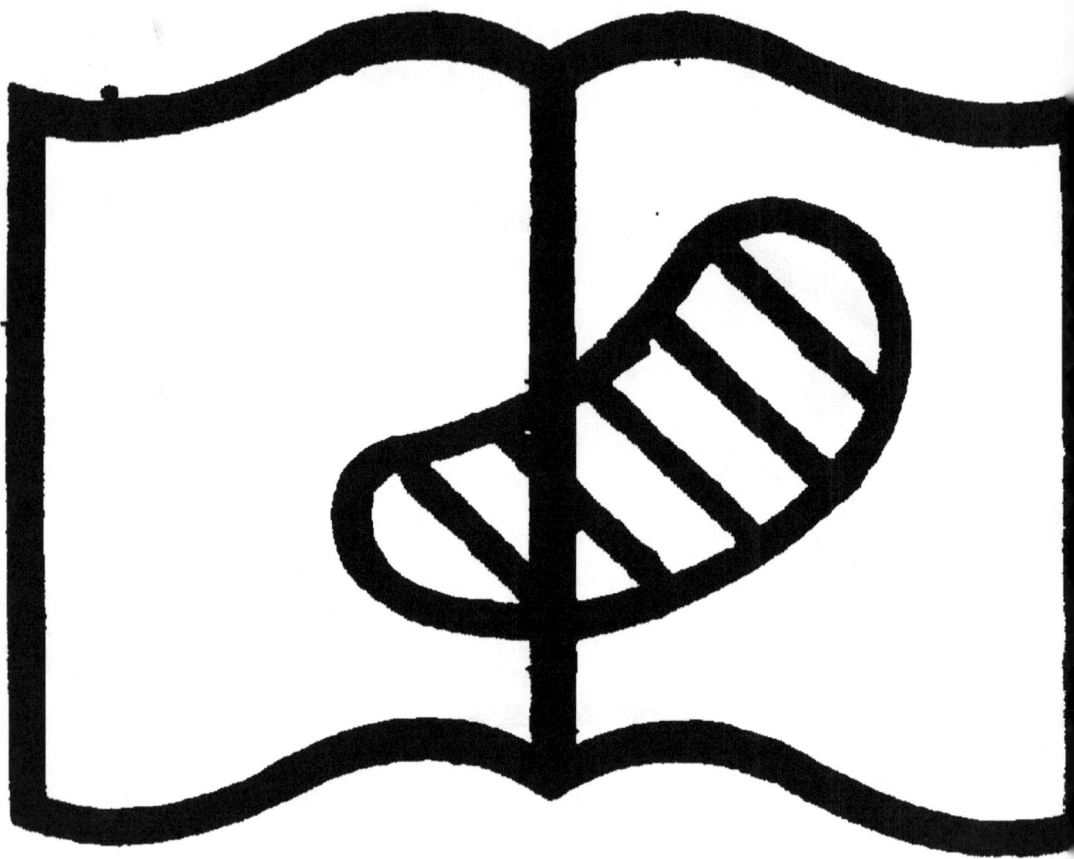

illisibilité partielle

LOUIS DE BARD

avocat, docteur en droit.

L'ADMINISTRA´

DE LA GASCO(

DE LA NAVA

et

DU BÉARN

EN 1740

Ouvrage couronné par la Société archéologique du Mi

PARIS, LIBRAIRIE DE LA SOCIÉTÉ BIBLIOGRAPHIQUE, RUE

MAURICE TARDIEU, DIRECTEU

1882

Foix, imprimerie Vᵉ Pomiès.

LOUIS DE BARDIES

avocat, docteur en droit.

L'ADMINISTRATION

DE LA GASCOGNE

DE LA NAVARRE

ET

DU BÉARN

EN 1740

Ouvrage couronné par la Société archéologique du Midi de la France.

PARIS, LIBRAIRIE DE LA SOCIÉTÉ BIBLIOGRAPHIQUE, RUE DE GRENELLE, 35.

MAURICE TARDIEU, DIRECTEUR

—

1882

A *MONSEIGNEUR*

PIERRE-HENRI DE LANGALERIE

ARCHEVÊQUE D'AUCH,

PRIMAT DE LA NOVEMPOPULANIE ET DU ROYAUME DE NAVARRE

Daigne votre Grandeur agréer l'hommage de cette compilation en souvenir des relations cordiales dont Elle honore l'auteur.

LOUIS DE BARDIES,
Ancien secrétaire particulier et chef
de cabinet du préfet du Gers.

L'ADMINISTRATION
DE LA GASCOGNE
DE LA NAVARRE ET DU BÉARN

EN 1740

D'APRÈS 'E REGISTRE DES CORRESPONDANCES

DE

L'INTENDANT MÉGRET DE SÉRILLY

———————

Des 14 intendants qui se sont succédés dans la Généralité d'Auch depuis sa création en 1716, M. d'Etigny est certainement le plus connu; son nom remplit les archives d'Auch et de Pau; plusieurs de ses œuvres subsistent encore; les révolutions ont respecté ses statues, et sa mémoire vit au milieu des populations.

Presque ignorée au contraire est

l'existence de son frère, M. de Sérilly, qui occupa sa place quelques
années avant lui. Il est vrai que M.
de Sérilly n'a point administré longtemps la Généralité d'Auch et qu'il
n'a point laissé d'œuvres. Le registre
auquel nous consacrons cette étude
et quelques pièces éparses (1) sont
les seules traces de son passage en
Gascogne; mais elles suffisent pour
montrer que M. de Sérilly n'était
pas indigne d'être le frère de M.
d'Etigny. On y voit aisément combien notre intendant avait l'esprit
judicieux, les idées mûres, claires
et précises, le jugement droit, l'âme
intègre, le caractère doux et affable.
Jean-Nicolas Mégret de Sérilly,

(1) Les archives départementales du Gers
ossèdent un précieux registre intitulé : *Etat
général de la consistance de l'élection d'Armagnac en l'année 1741*. Il est probable que M.
de Sérilly avait fait dresser des mémoires sem-
blables pour toute la Généralité.

comte de Chapelaine, seigneur de Sommesous, Aussimont et Vassimont, beau-frère des Pâris, était conseiller à la Cour des Aides depuis 1733, après y avoir occupé fort jeune la place d'avocat général, lorsqu'il fut appelé à l'intendance d'Auch en 1739. Il succédait à M. de Saint-Contest, homme de fortune plutôt que de mérite.

L'intendance d'Auch comprenait :

I. La Généralité d'Auch proprement dite, c'est-à-dire le ressort du bureau des finances établi en Auch par un édit d'avril 1716, composée :

1° De six élections : Armagnac, Astarac, Comminges, Lomagne, Rivière-Verdun et les Lannes ;

2° De trois pays d'Etats : le Nébouzan, le Bigorre et le pays de Soule ;

3° De neuf pays et villes abonnés : les Quatre-Vallées, le pays de La-

bourd, les Bastilles de Marsan, le
Tursan, le Gabardan, les villes de
Bayonne, Mont-de-Marsan, Dax et
Lectoure.

II. Le Béarn et la Basse-Navarre,
pays d'Etats.

C'est-à-dire, en négligeant les frac-
tions, les départements actuels du
Gers, moins l'arrondissement de
Condom, des Hautes-Pyrénées, des
Basses-Pyrénées, des Landes, les
arrondissements de Saint-Gaudens et
Muret et le canton de Grenade dans
la Haute-Garonne, l'arrondissement
de Saint-Girons dans l'Ariège, les
cantons d'Auvillar, Saint-Nicolas,
Lavit, Beaumont et Verdun dans le
Tarn-et-Garonne et celui de Laplume
dans le Lot-et-Garonne.

Les intendants avaient un pouvoir
d'autant plus grand que les limites
en étaient très peu définies; c'étaient
vraiment les représentants du gou-

vernement dans les provinces, où
les commandants militaires, gouverneurs, lieutenants-généraux, lieutenants de roi, jouissaient plutôt de bénéfices qu'ils n'exerçaient de charge.
Les finances, l'agriculture, le commerce, les travaux publics, l'assistance publique, la tutelle des communautés, la police, les affaires
religieuses et politiques, tout se
centralisait entre les mains de l'intendant; son action s'étendait aussi
à plusieurs des faits militaires en
dehors du commandement actif;
enfin, il remplissait même des fonctions de judicature fort importantes
et jugeait parfois sur attribution au
civil et au criminel. Contrairement à
l'habitude des gouverneurs militaires,
l'intendant faisait sa résidence effec-
tive dans la province.

Il était secondé par de nombreux
subdélégués nommés par lui, pris

le plus souvent dans le pays même qu'ils régissaient, ayant, dit une ordonnance du 15 avril 1704, « le droit de référer et non celui de décider », et qui ressemblent beaucoup plus à nos sous-préfets que les intendants ne nous représentent les préfets d'aujourd'hui. (1).

Un des traits caractéristiques de l'administration sous l'ancienne monarchie, à partir de Louis XIV, c'est la centralisation. Presque toutes les demandes sont adressées au roi, au ministre compétent ou au Conseil d'Etat, renvoyées à l'intendant pour instruction et rapport, décidées ensuite à Paris. L'intendant prend

(1) Voici quelques subdélégués de M. de Sérilly nommés dans le recueil :

A Bayonne, le sieur Dehureaux ;

A Oloron, le sieur Guirail ;

A l'Isle-en-Dodon, le sieur Palissand, juge royal ;

A Nogaro, le sieur Dupuy.

par lui-même très peu de décisions importantes ; la plupart de ses ordonnances sont rendues sur des ordres supérieurs ou autorisées d'avance. Il n'en a pas moins une grande influence sur toutes les affaires, et nous voyons même fort souvent M. de Sérilly envoyer au Conseil des projets d'arrêt auxquels il ne manque que la date et la signature.

En 1740, M. Jean-Baptiste-Joseph d'Aignan, écuyer, président au présidial d'Auch, était subdélégué de l'intendant à Auch, et quoiqu'ayant perdu le titre de subdélégué général, qui en faisait le suppléant de l'intendant, il avait encore des attributions considérables. Nous le verrons souvent figurer dans la correspondance de M. de Sérilly.

M. Taillepied était receveur général des finances de la Généralité.

M. Laborde était receveur général des domaines de la Généralité. M. Charbonnel fut rétabli par le contrôleur général dans les fonctions de directeur des domaines à Pau, dont les sous-fermiers l'avaient révoqué ou fait révoquer sans motif légitime.

M. Chaville était ingénieur en chef, M. Pollart était ingénieur des ponts et chaussées.

M. de La Camoire était prévôt général de la maréchaussée.

M. de Sérilly quitta Auch en février 1744 et fut remplacé par M. de La Bove. Il alla en Bourgogne, puis en Alsace ; en 1748, il était intendant de l'armée d'Italie ; il fut souvent question de lui pour le ministère de la guerre ou le contrôle général des finances.

Le registre que nous étudions est un grand in-folio de 129 feuillets numérotés au recto. Il contient la copie de 326 lettres, dont la première est du 29 avril 1740 et la dernière du 29 décembre de la même année. C'est donc une période de huit mois d'administration qui nous est révélée, dans une année célèbre par la misère publique et au moment où allait éclater la guerre de la succession d'Autriche.

Les trois premières lettres sont écrites à Paris (29 avril); on en trouve 81 de Pau (13 mai-23 juin, 20-23 juillet), 9 de Saint-Jean-Pied-de-Port (27-30 juin), 32 de Bayonne (4-14 juillet, 3-6 novembre), une de Tarbes (25 juillet), 187 d'Auch (21 juillet-27 octobre, 20 novembre-23 décembre), une de Saint-Sever (29 octobre), 11 de Dax (30 octobre-1er novembre, 9-10 novembre), une d'Aire (16 novembre).

Ce sont pour la plupart des rapports sur des affaires instruites par l'intendant ; il n'a point été conservé copie de la correspondance faite pour leur instruction, pas plus que de la correspondance de l'intendant avec ses agents ou ses administrés.

Ces 326 dépêches sont adressées, savoir :

86 à M. Orri (Philibert Orri, comte de Vignori), contrôleur général des finances, directeur général des bâtiments, arts et manufactures ;

50 à M. de Breteuil (François-Victor Le Tonnelier, marquis de Fontenay, comte de Breteuil), secrétaire d'Etat, ministre de la guerre ;

38 à M. d'Ormesson (Henri-François-de-Paule Lefebvre d'Ormesson), intendant des finances, conseiller d'Etat ;

36 à M. de La Houssaye (Lepele-

tier de La Houssaye, membre du Conseil d'Etat);

28 à M. Amelot (Jean-Jacques Amelot, seigneur de Chaillou), de l'Académie française, intendant des finances et conseiller d'Etat, chargé du ministère des affaires étrangères;

26 à M. Trudaine ou de Trudaine (Daniel-Charles), intendant des finances et conseiller d'Etat;

24 au chancelier (Henri-François d'Aguesseau);

21 au comte de Saint-Florentin (Louis Philippeaux, comte de Saint-Florentin, marquis de La Vrillière et de Châteauneuf-sur-Loire, etc.), secrétaire d'Etat;

7 au comte de Maurepas (Jean-Frédéric Philippeaux, comte de Maurepas et de Pontchartrain, etc.), secrétaire d'Etat, ministre de la marine et de la maison du roi);

6 à M. Dufort ou du Fort, sans doute membre du Conseil d'Etat;

Une à l'intendant de Sarragosse;

Une au maréchal d'Asfeld (François, baron d'Asfeld);

Une au cardinal Fleury;

Une à M. Baudry (Tachereau de Baudry), intendant des finances et conseiller d'Etat.

PREMIÈRE PARTIE

FINANCES

Depuis la suppression de la surintendance générale des finances, en 1661, le contrôleur général était le ministre des finances de cette époque ; il était assisté de plusieurs intendants des finances, la plupart membres du Conseil d'État. C'est à M. Orri, contrôleur général, et aux intendants des finances que sont adressées les dépêches relatives à tout ce qui a trait au Trésor public ou aux intérêts pécuniaires des communautés. L'agriculture, le commerce, l'industrie, les travaux publics, contribuant à la richesse nationale, étaient compris dans les attributions du contrôleur général, qui avait encore le titre et les fonctions de directeur général des bâtiments, arts et manufactures, de sorte qu'avec une qualification peu prétentieuse, le successeur de Colbert réunissait les pouvoirs de trois ministres d'aujourd'hui.

Le Conseil d'État, divisé lui-même en plusieurs Conseils, s'occupait de presque toutes les affaires du royaume. Il rendait des décisions appelées *arrêts*, revêtus de la force législative. C'était un corps très utile au bien public, qui contrôlait efficacement l'administration et la gestion des intérêts nationaux, et qui garantissait les particuliers contre l'oppression ou l'injustice des tribunaux, des fonctionnaires et des grands.

Impôts.

La première condition de l'existence d'un État, c'est le revenu, et la bonne assiette de l'impôt est, en économie politique, un des critériums de sa prospérité.

Les principaux impôts directs étaient la taille et la capitation ; la taille, imposition ordinairement mixte, en partie réelle sur les revenus fonciers et en partie personnelle sur les autres revenus, mais purement réelle dans certaines provinces ; la capitation, établie autrefois dans les besoins pressants de l'État, devenue permanente en 1701, prenant son nom de ce qu'elle était imposée par tête.

La répartition de la taille était faite par les États qui la votaient. Pour les pays d'élections, elle se faisait au Conseil des finances par généralité, selon l'apparence des récoltes, que les intendants indiquaient dans des états spéciaux. Dans chaque généralité, l'intendant faisait le *département* par élection, opération dans laquelle il était quelquefois assisté du receveur général de la province.

C'était aussi l'intendant qui distribuait aux élections et aux paroisses les diminutions accordées sur la taille. Le 15 août, M. de Sérilly demanda 380,000 livres de « réparation » sur le brevet de la taille

de 1741 , mais il n'en fut accordé que
28,000, que notre intendant s'appliqua à
répartir exactement, tout en trouvant cette
somme inférieure aux besoins créés par la
grêle et les inondations. Il proposa aussi
une diminution de 3,000 livres sur les
8,645 livres de capitation que payait le
Bigorre ; le syndic des États de ce pays
demandait 4,000 livres ; mais la proposition
de M. de Sérilly est encore très humaine,
car le Bigorre était abonné à forfait pour
40,000 livres.

Par cela même que notre intendant dé-
sirait le soulagement des pauvres cultiva-
teurs, il devait s'opposer à ce que le don
du roi profitât à des privilégiés, car la taille
étant un impôt de répartition, le dégrève-
ment des uns surchargeait les autres. Par
un rapport du 31 octobre, dans lequel il
rend compte à M. d'Ormesson de la tournée
des tailles qu'il a faite dans l'élection des
Landes avec M. Taillepied, receveur général
des finances de la généralité, nous voyons
combien il s'efforçait de bien remplir sa
mission :

« Je me suis appliqué principalement et par
« préférence à soulager puissament les pa-
« roisses grêlées. J'ay ensuite porté mes at-
« tentions sur celles qui de longue main se
« trouvent trop alivrées et sur celles qui ont
« souffert par d'autres accidents particuliers.
« Je me suis peu arresté aux parroisses qui
« n'ont participé que légèrement aux accidents
« passagers. J'ay cru et il m'a paru que c'es-
« toient vos principes, que le don du Roy
« n'estoit accordé que pour ayder, par des
« fortes diminutions, à suporter les pertes
« de la récolte et à ranimer le courage des
« communautés affligées par différens fléaux :
« c'est sur elles que je l'ay répa . :, et, en
« suivant toujours vos vües, j'ay suprimé en-
« tièrement ces diminutions personnelles. Nulle
« considération n'a pù me déterminer à sortir
« de cette règle, et je dois à cette fermeté
« la satisfaction de voir que ceux même qui
« de tous les temps estoient en possession
« d'en obtenir approuvent la résolution que
« j'ay prise de n'en donner qu'aux commu-
« nautés. »

Le sieur Taillant, ancien lieutenant-co-
lonel du régiment de Bourbonnais, demeurant à Mirande, avait perdu sa récolte et
demandait une diminution sur la taille et

la capitation de 1741. M. de Sérilly accorde
une diminution sur la capitation, mais il
déclare qu'il n'est point possible d'en accorder sur la taille, parce que le département
de l'élection d'Astarac est déjà fait ; à ce
sujet, il ajoute :

« Je n'ay pas accordé un seul don personnel
« et si j'en avois accordé un seul, tous ceux
« qui étoient accoutumés d'en obtenir n'au-
« roient pas manqué de revenir sur moy pour
« se plaindre de ce que j'aurois fait pour un
« ce que je n'aurois pas voulu faire pour eux.
« J'ajouteray que la taille étant réelle en ce
« païs, c'est le bien qui paye les impositions,
« et qu'il n'y a nulle exception soit à raison
« de noblesse soit à titre de service et que,
« ce païs estant peuplé d'officiers qui servent
« actuellement ou qui ont servy ou qui ont
« leurs enfans au service, on ne peut diminuer
« la taille de l'un que l'on ne diminue la taille
« des autres ; si néanmoins vous croyés que
« je puisse m'écarter de la règle que vous
« m'avés prescrite, je me conformeray aux
« nouveaux ordres qu'il vous plaira me don-
« ner ; l'exception qui tireroit le moins à con-
« séquence peut estre faite des gardes du
« corps et des maîtres de postes ; ils jouissent

« d'exemption en païs de taille personnelle,
« à raison de leur service, d'ailleurs ils sont
« en petit nombre dans cette généralité, et
« les dons qui leur seroient accordés porte-
« roient peu de préjudice aux autres tailla-
« bles. »

Dans cette tournée « premier coup d'es-
say » de M. de Sérilly, celui-ci tenta d'amé-
liorer le service du recouvrement :

« Je suis entré avec le receveur des tailles
« dans des détails sur l'état de leurs élections
« qui me mettront encore plus en situation
« de faire un bon usage des grâces du Roy,
« si je puis parvenir à leur faire exécuter
« mon plan. Il y en a peu qui soient d'une
« certaine intelligence, mais je ne désespère
« pas à force de soins de les amener au point
« où je désire qu'ils se mettent pour n'estre
« pas continuellement dans une parfaitte igno-
« rence sur ce qui concerne leur métier; la
« plus part se sont bornés jusqu'ici à la seule
« faculté de recouvrer, sans se mettre en peine
« si la manière d'imposer estoit bonne ou
« mauvaise. Mʳ Taillepied a été témoin de la
« façon dont je leur ay parlé, il m'a aydé à
« leur inspirer le gout du travail et à leur
« tracer des règles; son expérience et sa sa-

« gesse toujours bonnes à consulter m'ont
« beaucoup servy dans un commencement
« d'administration, et je suis fort aise qu'il
« ait été témoin de mes opérations. »

Il ajoute dans un rapport du 4 novembre :

« Dans cinq des six élections qui composent
« cette généralité les poursuites pour le re-
« couvrement se font par des employés à 15
« sous et des porteurs de contrainte à 30 sous
« par jour. Il y a dans chaque élection quatre
« ou cinq porteurs de contrainte et aux en-
« virons de cinq employés dont les receveurs
« promettent de ne se servir qu'en connais-
« sance de cause. Je crois convenable de rendre
« cet usage uniforme dans l'élection des Lan-
« nes ; les receveurs y font leurs poursuites
« par des employés qui sont tous payés à
« raison de 25 sous ; je n'ay pu les amener à
« sui·   l'usage des cinq autres élections ; ils
« m'ont assuré que de tous tems leurs em-
« ployés avoient été payés à raison de 25
« sous, je n'ay rien voulu innover sans vos
« ordres, dans la crainte que le moindre chan-
« gement ne servît de prétexte à un retard
« de recouvremens. »

Il y avait dans les communautés des
collecteurs respo··········les de la rentrée des

impôts. Leurs contestations avec les contribuables étaient jugées par les élus et en appel par la Cour des Aides. Leurs redditions de comptes pouvaient être exigées par ordonnance de l'intendant, qui avait aussi qualité pour les condamner à payement de reliquat au Trésor ou à restitution et dommages-intérêts envers les particuliers.

La plus grande partie des impôts indirects étaient affermés à des entrepreneurs, appelés fermiers généraux, qui sous-affermaient eux-mêmes à des agents dont ils étaient responsables.

Nous trouvons des contestations entre la ferme et un sieur Basquiat au sujet du droit de franc-fief, dû par les roturiers possédant seigneurie et dont celui-ci se prétendait exempt, probablement à tort.

Nous trouvons aussi un procès curieux entre les négociants de Bayonne et les commis à la perception des droits de coutume dans cette ville.

Voici comment M. de Sérilly en rend compte au contrôleur général dans un rapport du 27 mai :

« Suivant un article de la coutume de
« Bayonne confirmée successivement par des
« lettres patentes de nos Roys, il est dit
« que les étrangers qui viendront s'établir à
« Bayonne et qui y épouseront des filles de
« la ville acquerront le droit de bourgeoisie
« et jouiront en conséquence des priviléges
« qui y sont attachés, dont le principal par
« rapport aux commerçans est l'exemption
« ou plutôt la modération du droit de cou-
« ame sur les marchandises qu'ils font sortir
« ou entrer pour leur compte. Cette exemp-
« tion a eu son effet dans tous les temps,
« tant à Bayonne qu'à Saint Jean de Luz, et
« les fermiers n'en ont point réclamé.

« Depuis peu de jours le directeur des fermes
« à Bayonne a proposé une question à ses
« commettans, qui est de savoir si les étrangers,
« qui par leur mariage avec des filles de la ville
« ont acquis le droit de bourgeoisie, peuvent le
« conserver après le décès de leurs femmes
« sans postérité, et s'ils ne le perdent point
« lorsqu'ils passent à un second mariage
« avec des filles d'un lieu non privilégié.

« Sur cette question, MM. les fermiers
« généraux ont décidé par une lettre du
« 12 avril dernier, que tout étranger qui
« a jouy du droit de bourgeoisie à Bayonne
« et à Saint Jean de Luz par son mariage

« avec une fille du lieu, perd ce droit par
« le décès de sa femme sans enfans, et qu'il
« reprend son premier état d'étranger.

« En conséquence de cette décision , les
« commis à la recepte des droits de cou-
« tume à Bayonne, ayant refusé de délivrer
« les billettes de privilège aux sieurs Acher
« et Durax, négocians de ladite ville et re-
« tenu même quelques balots de marchan-
« dises jusqu'au payement des droits, ceux-cy
« se seroient pourvûs devant le magistrat
« de la ville, pour demander à jouir de leurs
« privilèges ainsi que les autres bourgeois.

« Sur ces représentations le corps de ville
« s'étant assemblé , il y fut pris une déli-
« bération le 17 du présent mois de may,
« suivant laquelle il fut signiffié, à la requête
« du procureur síndic, un acte aux commis
« des fermes , pour les sommer de rendre
« les marchandises en question aux sieurs
« Acher et Durax, et pour qu'ils eussent à
« continuer de leur expédier les billettes de
« privilège , ainsi qu'il en avoit été usé par
« le passé.

« Les commis ayant répondû qu'ils ne le
« pouvoient point, attendu qu'ils avoient des
« ordres contraires de leurs supérieurs , les
« officiers de l'hôtel de ville de Bayonne m'ont
« fait présenter une requête par laquelle ,

« après avoir justifié du droit de bourgeoisie,
« ils ont conclu à ce qu'ils y fussent main-
« tenus, et en conséquence qu'il fût enjoint
« aux commis des fermiers de délivrer leurs
« billettes de privilège, ainsi qu'ils avoient
« coutume de le faire, à peine, etc. »

M. de Sérilly, jugeant sagement qu'une
simple lettre des fermiers généraux ne
pouvait prévaloir contre un droit bien
établi, ordonna que la requête de la ville
serait communiquée aux fermiers en la
personne de leur directeur pour y répon-
dre devant son subdélégué sur les lieux,
prescrivit par provision que les marchands
recevraient des billettes de privilège et
feraient leurs déclarations au bureau de
la coutume, et laissa au Conseil le soin
de trancher la question Elle fut résolue
en faveur des marchands de Bayonne ainsi
que de ceux de Saint-Jean-de-Luz, qui
avaient un différend analogue, par une
lettre du contrôleur général en date du
20 juin, à la suite de laquelle l'intendant
rendit contradictoirement une ordonnance
conforme.

Ce droit de coutume ne s'appliquait pas seulement aux marchandises, mais s'étendait à d'autres objets ; Charles VII en avait attribué à titre d'échange la moitié de la jouissance aux auteurs du duc de Gramont. Louis XV ayant supprimé le droit perçu sur les vaisseaux construits dans le port de Bayonne pour le compte des négociants habitants de la ville et non bourgeois, le duc de Gramont se pourvut devant le Conseil pour être indemnisé de la non-jouissance de sa part. M. de Sérilly estime sagement que si le roi n'a agi que « par grâce et en faveur du commerce », le duc de Gramont est fondé dans sa demande, mais que si c'est par esprit de justice que le roi a supprimé un impôt sans fondement, elle doit être rejetée. Considérant néanmoins et qu'il est difficile de constater si la construction de vaisseau était soumise originairement au droit de coutume et que le duc de Gramont a acquis son droit par un échange, il conclut à ce qu'une indemnité lui soit accordée, laquelle d'ailleurs ne saurait être considérable, car :

« Le droit de coutume qu'il percevoit sur
« les vaisseaux ne produisoit année commune
« avant les dernières années où l'on a forcé
« les évaluations qu'environ 200 livres. »

Ce duc de Gramont reçut une indemnité
pour sa moitié du droit de coutume sur
les équipages de l'infante d'Espagne et de
mesdemoiselles de Beaujolais à leur passage
à Bayonne. C'est sans doute la qualité des
voyageuses qui avait empêché qu'on leur
demandât payement.

En matière d'impôts indirects, M. de
Sérilly accuse réception d'un arrêt du Conseil du 19 avril enjoignant au notaires et
tabellions de tenir leur répertoire en papier
timbré, d'un autre du 23 juillet qui exempte
de l'insinuation et du centième denier ainsi
que du contrôle avant la mort des père et
mère les actes de partage faits par ces derniers pour n'avoir d'effet qu'après leur mort.

Un arrêt du 29 septembre 1738 avait
prescrit des formalités pour s'assurer de la
contenance des barriques et futailles ; les
syndics des Etats de Béarn et ceux des pays
de Montfort et de Chalosse envoyèrent des

remontrances contre cet arrêt; mais M de Sérilly amena les commissaires des États à comprendre qu'il ne pouvait produire qu'un grand bien pourvu qu'on n'abusât point de ces dispositions.

Nous voyons par un rapport sur un procès dont nous parlerons plus loin que le monopole du sel n'existait pas en Béarn :

« La vente du sel n'est point exclusive en « Béarn, il est libre à toutes sortes de per- « sonnes de l'achetter et de vendre. La fon- « taine salée qui le produit apartient à plusieurs « seigneurs et particuliers, qui y ont différentes « parts. On est dans l'usage de voiturer ce sel « à Orthez qui est la ville la plus à portée du « lieu où il se fabrique. C'est là où les mar- « chands qui font ce commerce viennent l'a- « chepter et le charger pour l'usage des dif- « férens lieux de la province et de la Bigorre « où il est permis de l'introduire. »

Domaines.

Les revenus des domaines étaient aussi affermés et sous-affermés. Mais partie de ces revenus et des domaines eux-mêmes, notamment ceux qui avaient un caractère féodal, avaient été aliénés. C'est ainsi que M. du Lyon, baron de Campet, jouissait à Mont-de-Marsan du tiers d'un droit appelé seize sur les denrées et les marchandises qui passaient dans cette ville. C'est ainsi encore que le domaine de Samatan avait été engagé à M. de Mun en vertu d'un contrat du 29 juillet 1677 consenti par les commissaires généraux députés par le roi pour la vente de ses domaines. Samatan passa au comte d'Aubarède qui en fit échange en 1727 avec le duc d'Antin. Ces domaines ne consistaient point en immeubles, mais dans l'exercice des droits honorifiques et dans la perception des revenus de la seigneurie ainsi que dans la possession de la justice, haute, moyenne, basse, telle qu'elle était attachée au fief.

Des droits féodaux achetés soit au roi, soit à tout autre propriétaire, attachés à une charge ou possédés patrimonialement, celui qui prêtait le plus à l'usurpation était le droit de péage ; aussi avait-on institué des commissions pour vérifier les titres des propriétaires. Les contestations étaient portées au Conseil d'État : des arrêts ordonnèrent que les sieurs du Bouzet, marquis de Noé, vicomte d'Aurice et baron de Caupène justifieraient plus amplement de la propriété et possession des droits de péage par eux prétendus ; d'autres arrêts supprimèrent les droits prétendus par le sieur de Neurisse dans la baronnie de la Luque, par le baron d'Hieux dans la baronnie de ce nom, par le sieur de La Tour dans deux endroits.

Au reste, il y avait des tarifs pour les péages sur les bacs. M. de Sérilly est d'avis d'élever au-dessus du tarif des bacs de la Garonne les droits perçus par Madame d'Apremont au bac du port de Lanne sur l'Adour, unique passage de cette rivière sur la route de Languedoc en Espagne par le Béarn et Bayonne et « très pénible à cause de la grande largeur de la rivière. »

Les ventes de biens du domaine étaient soumises à l'homologation du Conseil qui pouvait les annuler : le sieur Ladoyreau,

3

orfèvre à Pau, s'était rendu adjudicataire, moyennant une redevance annuelle de vingt livres, d'un emplacement situé près du château de cette ville. On lui supposait l'intention d'y construire des fourneaux. Les jurats s'opposaient à l'homologation et demandaient la préférence pour eux ; le duc de Gramont, gouverneur général du Béarn, gouverneur particulier du château de Pau, s'y opposait aussi. Comme l'emplacement était compris dans les jardins du roi, que la vapeur des fourneaux aurait fait périr les arbres et que l'aspect de la construction eût été désagréable à l'entrée de la ville, M. de Sérilly proposa, comme le duc de Gramont, de ne point approuver l'aliénation.

Les concessions sur le domaine étaient faites par l'intendant après autorisation du Conseil : c'est ainsi que M. de Sérilly concéda à Jean Gaston, habitant du lieu de la Hourrade, en Béarn, le droit de faire construire un moulin sur le ruisseau du Geu, moyennant une redevance annuelle de vingt sous et la construction d'un pont commode pour le passage du public.

Bâtiments.

L'intendant était aussi chargé des édifices de l'État; nous le voyons s'occuper des réparations à faire aux prisons de Bayonne, infectées, où huit prisonniers et le geôlier étaient déjà morts et le reste moribond, à celle de Mauléon, à celles du château de Pau, au palais de justice de cette ville, enfin au château de Pau. La dernière lettre qui a trait à ce château renferme une plainte :

« Par l'apostille de votre lettre, je vois M^r
« (Trudaine) que vous suposés que l'augmenta-
« tion qui s'est trouvée dans le devis provient
« des réparations qu'il y a eu à faire dans
« l'appartement que j'occupe dans le château.
« J'ay eu l'honneur de vous prévenir par une
« lettre particulière de ma main que cet aug-
« mentation provenoit : 1° d'une grosse ré-
« paration à faire au cabinet dit le cabinet de
« la Reyne dont la voute menaçoit une ruine
« prochaine, lequel se trouve précisément au
« dessus du mien, où je n'aurois point été en
« sûreté; 2° de la construction à neuf de deux

« différens ponts de bois, les anciens estant
« entièrement pourris, sans lesquels la com-
« munication auroit esté interrompue du costé
« de la basse ville et du costé des jardins ;
« 3° de quelques contrevents pour garantir
« mon appartement des frimats, des ouragans
« et des grelles que le voisinage des Pirennées
« rend fréquents dans ce païs-là, et enfin,
« d'autres réparations à la charge du Roy qui
« m'ont paru indispensables et dans lesquelles
« il n'a esté question d'aucune sorte d'embel-
« lissement ny des commodités particulières.
« J'aimerois beaucoup mieux en pareil cas
« en prendre la dépense sur moy mesme pour
« qu'on n'eut point à se plaindre de la préfé-
« rence, quelque liberté que vous voulussiés
« bien, M' me donner à ce sujet. »

Le château de Pau comprenait plusieurs
appartements :

« Le gouverneur de la province y a son
« logement, dit M' de Sérilly à M' Trudaine,
« qui est occupé par l'intendant, M' le P. Doat
« occupe depuis peu celui du lieutenant de
« Roy, qui est M' de Souvré, M' le vicomte
« de Saint-Martin capitaine du château y a
« aussy le sien, de même que le capitaine
« des gardes du gouverneur, outre cela un

« concierge gardes-meubles, le tapissier et le
« sergent du château y sont logés. Il y a encore
« un appartement où je tiens le sceau de la
« chancellerie du Parlement. »

Cette charge de concierge avait de l'importance, car le titulaire devait être reçu
au parlement de Pau, qui enregistrait ses
provisions. C'était même une espèce de titre
honorifique ; le sieur de Bonnecase, avocat
au Parlement comme ses pères, en jouissait en 1740.

Le tapissier, sous les ordres du concierge,
touchait 60 livres par an sur un fonds de
2,000 livres dont le parlement, comme
Chambre des comptes, disposa annuellement
pour l'entretien du château jusqu'en 1729.
L'intention de M. Orri était de mettre l'entretien des tapisseries, comme réparations
locatives, à charge de ceux qui jouissaient
du logement.

M. de Sérilly demandait la construction
d'un nouveau magasin des poudres à Bayonne. Il disait de l'entrepôt existant :

« Ce magasin est situé dans le réduit. La

« poudre y est en barils dans une petite tou-
« relle au rés-de-chaussée, au dessus est une
« habitation avec cheminée occupée par la
« veuve du major de la place et sa famille,
« cette tourelle est dans l'enceinte du corps
« de garde où il y a cheminée et soldats qui
« y fument ; vis à vis est un maréchal ; la
« poudre, pour arriver dans ce magasin, passe
« dans des rues et par un port dont les avenues
« sont pavées. Le feu prit en 1736 dans de
« grandes maisons voisines ; on sortit alors la
« poudre du magasin, ce qui ne faisoit qu'aug-
« menter le danger ; le même péril peut sur-
« venir de nouveau, et si malheur arrivoit en
« pareil cas, la rivière seroit engagée par les
« démolitions et des fortiffications. Toute cette
« description, Monsieur (Orri), est dans le vray,
« et je me reprocherais en cas d'accident de
« vous avoir laissé ignorer ce détail. Le moyen
« d'y pourvoir seroit que le fermier fit faire un
« magasin ; la dépense serait de 1,000 écus ;
« le devis en a été fait par Mr Razaud qui a
« aussy choisi un terrain où le magasin seroit
« en seureté sans pouvoir nuire. Le fermier
« des poudres en faisant cette dépense s'en
« feroit remplacer le fonds par le fermier suivant
« et éviteroit en attendant un loyer de 50 écus
« qu'il paye au major de la place. »

L'hôpital de Saint-Jean-Pied-de-Port étant

situé hors de la ville, les hommes qui y avaient été mis en profitaient pour s'enfuir. M. de Sérilly proposa de faire l'hôpital à l'intérieur, dans une maison appartenant au même propriétaire que l'hôpital à abandonner et ¡ue celui-ci affermerait pour 20 livres de plus — 150 au lieu de 130. — Cette maison était située « entre deux corps de garde au pied de la rampe par laquelle on monte à la citadelle. »

Monnaie.

Quelques dépêches de M. Orri sont relatives aux monnaies.

Une refonte devant avoir lieu, notre intendant prescrivit aux directeurs des monnaies de Bayonne et de Pau de remettre incessamment à M. Le Normand, trésorier général des monnaies, toutes les matières d'or qu'ils avaient en caisse, « tant reçues que restantes des fontes, pour être converties à Paris en louis de la nouvelle effigie. »

Nous donnons en entier le rapport suivant :

« A Bayonne le 5 juillet 1740

« Monsieur

« J'ay reçu la lettre que vous m'avés fait
« l'honneur de m'écrire du 26 juin, par
« laquelle vous m'ordonnés de retirer la
« commission qui a été donnée au s' Monix,
« changeur à Handaye, attendu que depuis
« un temps considérable il n'a porté au-
« cunes anciennes espèces ni matières d'or et
« d'argent à la monnoye. Avant que d'exé-
« cuter votre ordre, j'ay crû, M' devoir
« le communiquer au s' Arnaud, directeur
« de la monnoye de cette ville ; il m'a re-
« présenté que, depuis qu'il a plû au Roy
« d'accorder 4 deniers par livre aux négo-
« tiants qui portent aux hôtels des monnoyes
« des parties de dix mil livres et au dessus
« en matières ou anciennes espèces, les
« changeurs qui n'ont que trois deniers avoient
« rarement fait des remises, que le s' Monix
« qui réunit les deux qualités de négotiant
« et de changeur a crû devoir profiter du
« quatrième denier de bénéfice en faisant ses
« remises en qualité de négotiant, qn'il en
« a fait de très considérables, que c'est un
« homme qui mérite d'être ménagé, qui est
« fort riche et à qui il n'est pas nécessaire
« de faire des avances comme à la pluspart
« des changeurs, que si on luy otoit la com-

« mission, quoiqu'elle ne luy produise nulle
« espèce d'attribut à Handaye, il pourroit se.
« rebuter et cesser un commerce qu'il exerce
« depuis longtemps et qui est d'un grand
« secours à le monnoye de Bayonne ; que
« si dans la suitte le Roy se déterminoit à
« réduire les bénéfices des négotians au taux
« de celuy des changeurs, le sr Monix feroit
« également ses remises en sa qualité de
« changeur, au lieu que si on luy otoit au-
« jourd'huy sa commission il pourroit bien
« n'en pas vouloir dans un autre temps, et
« qu'il seroit difficile pour ne pas dire im-
« possible de le remplacer à Handaye, où
« il n'y a personne en état de soutenir ce
« commerce avec avantage ; toutes ces raisons
« Mr m'ont déterminé sous votre bon plaisir
« à différer de retirer cette commission jus-
« qu'à ce que vous m'ayés donné de nou-
« veaux ordres sur les observations que j'ay
« l'honneur de vous faire. Je suis etc. »

Le nommé Michel Larroy, maître fon-
deur à Pau, demandait une indemnité
pour les pertes qu'il avait souffertes dans
la fonte d'une des presses de la monnaie
de Pau, à cause de la mauvaise qualité
de la matière. M. de Sérilly trouva sa

demande justifiée et donna un avis favorable.

Les officiers de la monnaie de Bayonne avaient depuis plusieurs siècles le privilège de ne point payer de taxe sur les denrées destinées à leur consommation. Ils s'en prévalaient pour ne point se soumettre à un droit de 10 sols par barrique de vin et de 12 livres par pipe d'eau-de-vie perçu au profit de l'hôpital de Saint-Léon. M. de Sérilly s'en indigna et conclut au rejet de leur demande sans vouloir attenter en rien à leurs privilèges.

Agriculture.

L'agriculture, cette grande mamelle des nations, était à peu près livrée à ses propres forces. Pas d'encouragement au propriétaire et au cultivateur ; peu de secours ; tout au plus quelque diminution sur la capitation ou la taille en cas de perte de récolte ; nous avons vu combien M. de Sérilly s'efforçait de rendre ces soulagements efficaces en les appliquant aux vrais besoins.

Le rapport suivant révèle l'étendue de ces besoins dans toute la province :

« Le bled froment n'a point rendu ce
« qu'on s'en étoit d'abord promis. La lon-
« gueur de l'hiver, les pluyes trop abon-
« dantes du printemps et les brouillards
« du mois de juin et de juillet en ont
« considérablement diminué la quantité ; on
« ne compte que sur deux tiers d'année
« commune.

« Le seigle a manqué presque partout ;
« quelques gelées survenues dans le temps
« de la fleur les ont perdus dans certains
« cantons, et beaucoup diminués dans d'au-
« tres.

« Les orges et avoines produiront une
« bonne demy année.

« Le milloc ou bled de Turquie, qui,
« comme vous scavés, monsieur, est d'un
« objet considérable dans cette généralité
« pour la subsistance des habitans, a été
« gaté par les pluyes du mois de juin qui
« l'ont fait avorter dans sa naissance ; la
« récolte en sera mauvaise.

« Le petit millet ne promet pas un succès
« plus favorable.

« Les prairies, qui forment un objet pré-
« cieux dans ce pays par l'engrais des
« bestiaux dont il se fait un assés grand
« commerce, soit pour l'Espagne, soit pour
« l'intérieur du Royaume, ont beaucoup souf-
« fert par les gelées qui ont arrêté la pre-
« mière herbe et l'ont empêchée de se garnir
« par le pied. Les inondations, d'autant plus
« à craindre dans ce pays-ci qu'il est remply
« de montagnes et de vallées, ont ensablé
« une grande partie des prés ; le prix actuel
« du foin est de plus du double du prix
« commun.

« Je dois vous dire un mot des vignes,
« vous scavés, monsieur, qu'elles sont dans
« la pluspart des élections d'un revenu qui
« facilite beaucoup le payement des impo-
« sitions par l'eau-de-vie qui en provient.
« Elles ont souffert considérablement par les
« gellées survenües dans le mois de may,
« et beaucoup plus encore par les brouillards
« qui ont régné dans le temps de la fleur,
« qui ont fait couler la plus grande partie
« du fruit qu'il restoit ; ainsy on peut dire,
« à l'égard des vendanges, qu'on ne doit
« compter que sur moitié d'une année com-
« mune.

« Il résulte, Monsieur, de ces observations
« qu'au total la récolte dans toutes les espèces

« de produit peut être regardée comme mé-
« diocre. Reste à vous rendre compte des
« accidents particuliers.

« La grêle, qui est le fléau le plus ordi-
« naire de cette généralité, sembloit nous
« avoir épargnés, et l'on se flatoit déjà d'en
« être quitte, car à l'exception de 50 à 60
« paroisses des élections d'Astarac et des
« Lannes qui furent entièrement perdues le
« 12 juin, on n'en avoit point ressenty d'au-
« tres effets, mais j'ay déjà eu l'honneur,
« Monsieur, de vous prévenir de celle qui
« est tombée icy le 9 de ce mois; je ne
« puis rien ajouter à ce que je vous en ay
« dit par ma lettre du 10, sinon que je suis
« informé que tout a été ravagé dans l'é-
« tendue d'environ dix à douze lieûes sur
« une forte lieue de large; et cela est au
« point que le païsan ne peut y compter
« sur la moindre resource du cotté des fruits
« et des légumes, et que les vignes seront
« hors d'état de rien produire de trois ans.
« La perte est d'un très grand objet : on
« évalue celle de la seule élection d'Arma-
« gnac à 40 mille barrique de vin ; cette
« élection est celle qui a le plus souffert de
« ce dernier malheur. L'Astarac, la Lomagne
« et Rivière-Verdun y ont eû quelque part.
« L'accident de la grêlle n'est pas le seul

« quí cause des dégats dans ce pays. Les
« grandes pluyes en opèrent un autre qui
« n'est guère moins à craindre ; celles qui
« ont tombé avec tant d'abondance au com-
« mencement de juin ont raviné les terres
« jusqu'au tuf dans une partie de l'Astarac
« et de l'Armagnac. J'en ay vû les effets
« par moy-même, et j'avoüe que si je ne
« l'eusse pas vû j'aurois eu de la peine à
« en concevoir tout le mal.

« Tel est, Monsieur, l'état actuel de la gé-
« néralité d'Auch ; vous jugés sans peine qu'elle
« a besoin de secours, et d'un grand secours.

« Le mal qu'a causé la grêle presque gé-
« néralle de l'année dernière a laissé des traces
« qu'une chétive récolte ne scauroit réparer,
« et il n'est pas possible de rien ôter de la
« diminution qui a été accordée aux parroisses
« qui en ont été affligées.

« Le volume des restes, que les impositions
« de la dernière guerre avoient accumulées et
« qui vers la fin de l'année 1737 étoient im-
« menses, n'ont peû être acquités sans des
« efforts extraordinaires ; les récoltes depuis
« ce temps n'ont point été abondantes ; ce-
« pendant on peut dire que la généralité est
« au courant ; elle ne doit actuellement pour
« l'exercice 1740 et les exercices antérieurs

« que 2235000 livres, ce qui ne fait pas une
« année d'imposition.

« Vous sentés bien, M, que les chozes
« n'ont été amenées à ce point que par une
« attention suivie à faire le recouvrement
« d'une part, et de l'autre par le don de 300
« mile livres qu'il a plut au roy d'accorder
« l'année dernière à cette généralité. Il est bien
« essensiel, non seulement de continuer la
« même grace pour 1741, mais d'y ajouter
« encore 80 mil livres pour distribuer aux
« parroisses dont la récolte a été enlevée
« cette année par la grelle et par les inon-
« dations. L'épuisement des peuples est si
« grand et les ressources d'un pays comme
« celluy cy si courtes, qu'il y a tout lieu
« de craindre que, sans un secours propor-
« tionné à l'état facheux où il se trouve, les
« élections qui sont au courant et qui n'ont
« cette année que des récoltes au dessous
« du médiocre ne retombent dans l'état d'où
« les a tirées mon prédécesseur.

« Je dois ajouter que la deffence qui vient
« d'être faite de transporter en Espagne des
« bœufs, veaux, vaches et moutons va causer
« un préjudice notable aux habitans de cette
« frontière. Ce commerce est celluy qui de
« tout temps a produit aux élections de Com-
« minges et de Rivière-Verdun l'argent le plus

« clair et le plus liquide pour le payement
« de leurs impositions. Ce commerce étant
« prohibé, elles demeurent sans autre ressource
« que de faire passer leur bestiaux dans l'in-
« térieur du royaume, ce qui est bien moins
« à leur portée et leur est moins lucratif. Ce
« sera donc un nouveau motif d'entrer dans
« la situation de ces deux élections. »

Une partie de la Basse-Navarre avait été
entièrement grêlée le 9 août.

La Gascogne n'était pas seule à se plaindre : les habitants de Varilhes adressèrent
au comte de Saint-Florentin des représentations sur la misère dont ils étaient acca-
blés. Le ministre écrivit par erreur à ce
sujet, le 22 juin, à l'intendant d'Auch, qui
renvoya la demande à M. d'Albaret, son
collègue de Roussillon, dont le pays de Foix
dépendait.

On s'occupait à cette époque de répandre
la culture des mûriers pour l'élève des vers
à soie. Le rapport suivant à M. Orri prouve
que M. de Sérilly ne redoutait pas de des-
cendre aux moindres détails pour le bien
de ses administrés et de l'État :

« A Auch le 12ᵉ aoust 1740

« Monsieur

« J'ay reçeu la lettre que vous m'avés fait
« l'honneur de m'écrire le 25 juillet sur l'éta-
« blissement que vous désireriez qui fut fait
« dans l'étendue de mon département de
« quelques pépinières de meuriers pour metre
« les peuples à portée d'y élever des vers à
« soye et de profiter du bénéfice qu'on est
« obligé de donner aux étrangers qui four-
« nissent nos manufactures des matières pro-
« pres à leur consommation.

« Je ne crois pas, Mʳ que l'on puisse intro-
« duire dans l'intérieur du royaume de culture
« plus avantageuse à l'État et aux particu-
« liers que celle des meuriers. Le succès
« en est certain et le produit ne l'est pas
« moins. J'avois avant mon départ de Paris
« entrevù l'attention que vous vouliés donner
« aux plantations de meuriers, et j'avois dès
« lors pris des mesures pour faire préparer
« un terrain où la graine de meurier pût être
« semée. J'ay choisy ce terrain à portée de
« la ville d'Auch de la contenance de deux
« arpens, dont le sol fut déjà travaillé il y
« a dix ans et servit dès lors à élever des
« pépinières ; je l'ay fait défoncer à la bèche
« et labourer à fond ; on l'a fumé avec du
« fumier consommé et sans en épargner la

« quantité ; on a depuis beché la terre de
« nouveau et donné un second labour ; j'ay
« fait entourer ce terrain de fossés ; je l'ay
« visité deux fois depuis mon arrivée icy,
« et je puis vous assurer qu'il est très bien
« disposé pour être semé en mars 1741.

« J'avois pris aussy en arrivant dans ce pays
« cy les mesures les plus convenables pour
« m'assurer de la graine ; j'avois chargé Mr
« d'Aignan, subdélégué à Auch, il y a trois
« mois, de s'en assurer en Languedoc ; il
« avoit donné cette commission au sieur Mar-
« cassus de Toulouze qui a tousjours promis
« de la remplir jusqu'au commencement d'aoust
« qu'il a mandé précisément ne pouvoir se
« faire fournir la graine qui luy avoit été pro-
« mize. J'en ay fait amasser deux livres ; cette
« quantité est médiocre ; j'ay écrit à Aleth,
« à Béziers et à Muret pour en faire chercher ;
« je ne suis pas encore sans espérance d'y
« réussir. Muret est chef-lieu d'une élection
« de cette généralité ; ou y cultive quelques
« meuriers provenûs de l'ancienne pépinière,
« et ils y réussissent, mais ce succès n'a pas
« déterminé les habitans de cette élection à
« s'industrier pour augmenter la plantation ;
« cette inaction me fait pressentir que l'on
« ne pourra, sans une extrême attention,
« donner aux habitants de cette généralité

« l'émulation dont ils manquent. Je vous su-
« plie, M' d'être persuadé que je ne négli-
« geray aucun moyen pour remplir les vûes
« utiles que vous vous proposés de cet éta-
« blissement, et pour exécuter exactement
« l'instruction concernant la manière de semer
« et élever les meuriers dont vous m'avés
« fait l'honneur de m'envoyer copie.

« Je suis, etc. »

Il y a deux autres dépêches de l'intendant
à ce sujet, l'une du 1ᵉʳ octobre annonçant
qu'il a reçu de la graine de Provence,
l'autre du 8 décembre accusant réception
d'une instruction sur le mûrier.

Commerce.

Nous venons de voir que les élections
de Comminges et de Rivière-Verdun étaient
privées du commerce d'exportation des bestiaux en Espagne. En effet, un arrêt du
Conseil, du 7 juin 1740, avait renouvelé
les défenses de faire sortir les bestiaux
hors du territoire du royaume. Cette mesure avait pour objet de rétablir l'abondance

des viandes ; c'était aussi vis-à-vis des Espagnols un acte de représailles pour leur
faire sentir la nécessité de rendre aux
Français la liberté qu'ils leur avaient ôté
« pour l'extraction des matières d'or et
d'argent provenant des comestibles » que
ces marchands portaient dans les provinces
de Guiposcoa et de Biscaye. M. de Sérilly
se mit en mesure d'exécuter l'arrêt en faisant saisir et confisquer par les commis
des fermes et autres employés tous les
bestiaux qui seraient amenés sur la frontière pour passer en Espagne, et en pro-
nonçant des peines contre les délinquants.

Il n'est pas étonnant que ces défenses
aient soulevé des protestations dans les
deux pays. Dès le 9 septembre, l'intendant
en envoie une de la ville de Pampelune,
capitale de la Haute-Navarre « qui est sur
le point de manquer des viandes nécessaires
pour la subsistance de ses habitans. »
Cette pénurie faisait que l'Espagne achetait
à des prix exhorbitants.

« La ville de Bayonne, écrivait le 9 juillet

« l'intendant d'Auch à M. Orri, m'a fait ses
« représentations sur l'enlèvement que font
« les Espagnols des païs de Guypuscoa, de
« Navarre et d'Arragon des bœufs qui sont
« amenés tant aux marchez de Hasparren et
« autres marchez du Labourt, que dans ceux
« de la Garonne même jusqu'à Limoges. On
« prétend que les quantités qu'ils en font
« passer vont à près de 400 bœufs par se-
« maine; qu'ils y mettent un si haut prix
« que les marchands qui étoient dans l'usage
« d'aprovisionner cette ville et celles du voi-
« sinage des viandes nécessaires à leur con-
« sommation se rebutent et sont sur le point
« d'abbandonner leur entreprise. Il y a déjà
« longtems, Mr que ces enlèvemens sont
« en usage; mais les quantités sont plus que
« doublées depuis quelques années et s'ac-
« croissent tous les jours au point qu'il est
« peut-être à craindre que, l'espèce devenant
« trop rare, la provision de Paris et des autres
« villes principalles n'en soit considérablement
« altérée (1). »

Quelle source de revenu pour le midi de
la France et quel encouragement à l'élève

---

(1) Néanmoins la viande ne coûtait que dix sous
la livre de 42 onces (folio 93) (verso).

des bestiaux dans les belles vallées pyré-
néennes, si l'agriculture eut été plus floris-
sante !

Mais toutes les mesures sont prises pour
paralyser le commerce des bestiaux ; le 5
octobre, M. de Sérilly propose d'interdire les
ventes d'animaux au marché d'Ossès, en
Basse-Navarre, parce que la fraude s'y pra-
tique facilement à cause de la proximité
des frontières.

Au reste, l'arrêt laissait plusieurs questions indécises. Le 18 septembre, l'intendant
d'Auch demande au contrôleur général si,
comme il y a lieu de le supposer, « le motif
de cette défense par raport à l'Espagne ayant
été de la priver des viandes nécessaires à
la vie », le commerce des « poulins, mulets
et bêtes asines », seule resssource des habitants de la frontière, n'est point permis.

Le 26 octobre, il lui rend compte qu'il
a cru devoir autoriser les habitants des
Quatre-Vallées à envoyer selon la coutume
leurs bestiaux hiverner sur les montagnes
d'Espagne sous l'engagement de les ramener

avant le 15 juin « à peine de 3,000 livres d'amendes et autres plus grandes peines s'il y echet. »

D'ailleurs, les défenses finirent par se relâcher. Le 9 octobre, M. Amelot écrivit au maire de Bayonne pour lui permettre de laisser sortir les bestiaux destinés à la subsistance des villes de Pampelune et de Saint-Sébastien. L'intendant ne fut prévenu que par le maire de Bayonne de cette dérogation à l'arrêt du 7 juin ; aussi s'adressa-t-il de suite au contrôleur général et à M. Amelot lui-même, en leur marquant son étonnement et leur demandant des instructions précises.

Du reste, nous avons vu que l'opinion personnelle de M. de Sérilly était contraire à la prohibition comme nuisible au développement de l'agriculture et par suite à la perception des impôts.

Comme corollaire à la défense d'exporter des bestiaux, leur importation était favorisée par l'exemption des droits de douane. Un arrêt du Conseil prorogea cette exemption pour un an à partir du 1er janvier 1741.

Une prohibition analogue s'étendait à l'exportation des grains, car l'intendant ne voulut pas prendre sur lui d'accorder à M. de Marcillac, au service d'Espagne, le passage de cent conques de froment ou de farine pour la provision de sa maison.

« Si vous vous portés, Mr écrit-il le 10
« décembre au contrôleur général, à lui accor-
« der cette grâce, je luy feray entendre que
« c'est par pure considération pour luy, afin
« d'éloigner l'idée que les habitants de Saint
« Sébastien pourraient avoir de retirer de nos
« grains et de faire soliciter des passeports
« par l'ambassadeur d'Espagne. »

Mais la France avait intérêt à l'importa-tion des froments d'Espagne. M. de Sérilly le voyait fort bien ; son esprit sage et pra-tique lui faisait d'ailleurs comprendre que presque toutes les prohibitions commerciales sont contraires à la prospérité d'un pays. Voici sur ce sujet l'avant-dernière lettre du recueil adressée à M. Orri :

« A Auch le 29° décembre 1740

« Monsieur

« Les maire et échevins de Bayonne ayant
« eu quelque crainte de manquer de grains pour
« la subsistance de leurs habitans, attendu que
« la récolte en a été fort modique dans le
« voisinage de cette ville, se sont avisés d'a-
« dresser leurs représentations à M. le comte
« de La Marck pour obtenir permission de la
« cour d'Espagne de tirer du royaume d'Aragon
« la quantité de 4000 caïs de froment, faisant
« 12000 conques mesure de Bayonne et environ
« 3400 septiers mesure de Paris. Le ministre
« d'Espagne a bien voulu se prêter à cette
« facilité, et il a été expédié, en conséquence,
« un ordre à l'intendant d'Aragon de permettre
« l'extraction de ces grains.

« J'ay l'honneur, M' de vous envoyer copie
« de cet ordre et de la lettre du ministre
« d'Espagne à M' le comte de Lamarck. Vous
« verrés dans l'un et dans l'autre que cette
« permission est accordée dans l'espérance que
« le Roy voudra bien faire lever les défenses
« concernant le passage de nos bestiaux et
« rétablir la liberté du commerce entre les ha-
« bitans des deux frontières.

« Je dois à cette occasion vous représenter,
« M' que dans le royaume d'Aragon, qui est
« à portée de toute notre frontière, le long des

« Pirennées, depuis la Navarre jusque vers le
« Roussillon, il y a eu cette année une abon-
« dante récolte de grains ; que malgré les achats
« que la cour d'Espagne y a fait faire pour
« l'approvisionnement des armées de mer et de
« terre; il en reste encore des quantités considé-
« rables qui seroient d'un grand secours à nos
« frontières s'ils avoient la liberté d'y en acheter,
« ce secours seroit d'autant plus convenable
« dans les circonstances du jour que les fron-
« tières de ce côté sont peu abondantes en
« grains et que les habitans n'en peuvent tirer
« pour leur subsistance que d'Espagne ou de
« la Généralité ; la première voye paroit pré-
« férable en ce que la Généralité fournissant
« déjà par Nerac à la fabrique des forins de
« minot, et par la Garonne aux vivres de terre
« et de la marine, les frontières des Pirennées
« ne peuvent y faire faire d'achats sans que ce
« suplément de traitte n'occasionne une aug-
« mentation de prix sur les grains ; mais la
« défense qui a été faite d'en laisser passer en
« France leur ôte non seulement cette faculté,
« mais leur fait craindre avec quelque fonde-
« ment de manquer du nécessaire avant la
« prochaine récolte.

« On a aussy deffendu en Espagne la traitte
« des huiles ; il en passoit tous les ans des
« quantités considérables qui se consommoient

« par le même peuple de la frontière et par
« les petites manufactures d'Oloron, et autres
« endroits du païs. Si cette ressource leur
« manque, ils se trouveront fort à plaindre,
« les huiles de Languedoc estant à un prix
« auquel ils ne sauroient atteindre.

« Je ne scay, M' à quoy ces circonstances
« peuvent vous déterminer, ignorant les dis-
« positions de l'Espagne sur la liberté de
« laisser sortir les espèces provenants du prix
« de nos d'anrrées et n'estant pas plus informé
« du plus ou du moins d'extention que vous
« entendés donner à la disposition de l'arrest
« du 7 juin qui a déjà reçu provisoirement
« une atteinte par l'exception faite en faveur
« des villes de Pampelune et de Saint-Sé-
« bastien jusqu'au premier février prochain.
« Je suis, etc. »

Les habitants de la vallée d'Aran, en-
clavée dans le Comminges, avaient obtenu
de nos rois l'exemption des droits de foraine
et de traite et la permission de tirer de
France 800 mules, en payant 25 sous par
tête, tandis que les autres Espagnols payaient
7 livres. Ces privilèges furent accordés en
considération de la faculté dont jouissaient
les marchands français de transporter par

la Garonne, qui prend sa source dans la vallée d'Aran, tous les bois à bâtir qu'ils faisaient exploiter dans cette vallée et qui étaient employés à Toulouse et dans d'autres villes du Languedoc et de la Guyenne.

Mais les troupes de l'archiduc Charles III d'Autriche, ayant occupé la vallée d'Aran, imposèrent un péage considérable sur les bois à bâtir venant en France, et les officiers du roi d'Espagne continuèrent à le percevoir. Sur un mémoire des marchands de bois voisins de la frontière, M. de Sérilly propose de suspendre les privilèges de la vallée d'Aran jusqu'à ce que l'Espagne ait rétabli les marchands français dans ceux dont ils jouissaient en échange.

Industrie.

La Gascogne étant une province frontière, les rapports internationaux y étaient assez fréquents. L'intendant écrit le 24 mai à M. Amelot sur des plaintes du sieur Nissole, intéressé dans la compagnie royale des mines des Pyrénées, à l'occasion d'enlèvements par les habitants de la vallée de Tène de matières provenant de la fouille de ces mines et d'outils nécessaires à leur exploitation. M. d'Aignan, devant aller l'été suivant en Aragon avec commission de régler les différends entre les vallées de Barèges et de Broto (1), se chargerait de cette affaire. Suit copie d'une lettre adressée à l'intendant de Sarragosse pour l'en prévenir et le prier en attendant de prendre des informations auprès des alcades : « Nous devons tous, lui dit M. de Sérilly, concourir au maintien de la carte de paix et de la bonne intelligence entre les sujets des deux couronnes. » M. d'Aignan, s'étant renseigné par correspondance auprès du vicaire de Larunde, apprit que le sieur Nissole était un extravagant et son affaire peu sérieuse.

C'était encore l'époque de la réglementa-

_____

(1) Le 16 août 1740, M. d'Aignan et les commissaires du roi d'Espagne, arrivés au lieu de Gavarni, réglèrent les limites des deux vallées. (Archives de la famille d'Aignan.)

tion de l'industrie des maîtrises, des jurandes, des corporations, institutions si décriées par les uns et si préconisées par d'autres. Sans entrer dans la controverse, nous allons rapporter ce qui a trait dans notre recueil à l'organisation du travail; ici encore, nous retrouvons l'esprit de prudence et le bon jugement de M. de Sérilly.

Les toiles peintes ou indiennes étaient frappées d'interdiction à cause du préjudice qu'elles portaient aux fabriques du royaume. La correspondance de l'intendant d'Auch témoigne que c'est à Bayonne où il eut le plus de peine à faire exécuter ces ordres; il y parvint néanmoins à force de vigilance et aussi de modération.

« Le port et usage des toiles peintes, écrit-il
« le 5 juillet à M. Orri, est pour ainsi dire
« aboli dans cette ville. J'ay été bien aise de
« voir par moy mesme ce qui en étoit; je
« me suis rendû dans les places publiques et
« dans les églises les jours de fette, et je
« n'ay vû qu'une seule femme d'artisan vettue
« d'une assés mauvaise robe d'indienne, quel-
« ques servantes ont encore des casequins fort

« usés. Je compte que les amandes qu'on fera
« payer à ceux qui ont contrevenù opereront
« un bon effet ; mais je pense néant moins
« qu'il est à propos que vous ayés la bonté
« de porter les modérations sur le pied le
« plus bas qu'il sera possible, soit parce que
« les personnes qui devront les payer ne sont
« pas riches, soit parce que les saisies étant
« faittes depuis longtemps, on est dans la con-
« fiance qu'elles n'auront plus de suitte, soit
« enfin parce qu'une taxe trop forte animeroit
« les esprits dans un pays qui s'est de tout
« temps crû autorisé à faire usage des toiles
« peintes, et qu'il convient de ménager ; je
« commence à connoître le génie des habi-
« tants de cette ville, la douceur est le seul
« moyen de les ramener, et c'est par cette
« voye et par la fermeté que je me propose
« d'y parvenir. »

Nous voyons la suite de cette ligne de
conduite dans trois autres rapports du 8
juillet, du 8 septembre et du 8 décembre.
Il y a bien loin des amendes et des saisies
que l'on y trouve à la peine de mort
portée dix-huit ans auparavant en Languedoc contre ceux qui faisaient le com-

merce des étoffes et toiles peintes des Indes,
de la Chine et du Levant.

Mais pour bien observer les fabricants
et les marchands d'étoffes , il fallait une
surveillance continuelle , qui ne pouvait
s'exercer efficacement que par la vérification
des marchandises ; aussi voyons-nous M.
de Sérilly s'occuper, sur l'ordre du contrôleur général, du rétablissement d'un bureau
de contrôle à Bayonne, malgré l'opposition
de la Chambre de commerce de cette ville,
mais sans la contredire trop ouvertement,
car il demande de surseoir, pendant le
temps nécessaire , au rejet par le Conseil
du mémoire qu'elle a présenté. Le 18 août,
notre intendant écrit à M. Orri :

« Il n'y a, M' ny à Bayonne ny dans
« le Bearn , encore moins dans le pays de
« généralité aucun sujet convenable pour l'é-
« tablissement du Bureau de controlle. Les
« reglements des manufactures n'y sont nul-
« lement connus ; je désirerois qu'il vous fut
« possible de vous passer pour six mois de
« l'inspecteur de Beauvais ; dans cet espace
« de temps, il feroit l'établissement dont est

« question. Je m'en servirois pour mettre en
« regle les manufactures de Bearn, celles de
« la vallée d'Aure et les papeteries. Il for-
« meroit en même temps un sujet sur lequel
« j'ay jetté les yeux, et qui pourroit succes-
« sivement être en état de maintenir la ma-
« nutertion du bureau du controlle et suivre
« les différents objets concernant l'exécution
« des reglements. »

Ce sujet était le sieur de La Gennière
dont M. de Sérilly fait l'éloge dans un rapport du 5 novembre, où il annonce au
contrôleur général que le bureau de contrôle
sera établi avant son départ de Bayonne.

L'intendant d'Auch prenait goût à ces
établissements : dans un rapport du
même jour, il prévoit qu'il sera nécessaire
d'en créer un à Oloron. C'est à l'occasion
d'une requête dans laquelle trois jurés de
la manufacture de cette ville se plaignaient
d'ordonnances par lesquelles M. de Saint-
Contest et M. d'Aignan avaient prononcé
la main levée de saisies pratiquées sur des
étoffes fabriquées en contravention des rè-
glements, mais que les négociants d'Oloron

prétendaient en dehors de l'action des jurés comme se fabriquant hors d'Oloron, dans la vallée d'Aure, et destinées à l'Espagne. Plus maltraités furent les juges de la manufacture d'Arnay-le-Duc en Bourgogne, qui s'étaient trompés au préjudice du fisc : un arrêt du Conseil du 19 avril, en cassant une de leurs sentences, les condamna aux peines qu'ils auraient dû prononcer, et cet arrêt fut rendu public dans les principales manufactures du royaume.

Nous reproduisons deux rapports à M. Orri relatifs, l'un à la fabrication du papier, l'autre à la tannerie ; ils donnent une idée de l'état de ces industries en Gascogne en même temps que du régime général du commerce.

« A Auch le 12 aoust 1740

« Monsieur

« Je reçois la lettre que vous m'avés fait
« l'honneur de m'écrire le 30 du mois passé
« touchant l'inexécution du reglement pour
« les papiers du 27 janvier 1739. Non seu-
« lement, M' ce reglement n'est point exé-
« cuté dans ce departement, mais je pense
« même qu'il seroit très difficile d'en faire

« suivre les dispositions dans tous les objets.

« Il n'y a qu'une papeterie dans le pays
« de generalité qui est établie à Saint-Girons,
« élection de Comminges. Il y en a trois en
« Bigorre, une dans le pays de Soule et cinq
« dans le Bearn. Toutes ces papeteries n'ont
« produit jusqu'à présent que des papiers ex-
« trèmement communs qui s'employent à en-
« velopper de l'épicerie et de la mercerie. Il
« en passe une partie pour cet usage en Es-
« pagne. Il en passe aussy beaucoup pour y
« être employé à l'écriture et à l'impression ;
« le reste se consomme dans le pays. En
« général, ce papier est de mauvaise qualité ;
« mais je doute que les Espagnols qui y sont
« accoutumés en voulussent de plus parfait
« ny en donner le prix.

« De toutes ces papeteries celle de Tarbes
« seroit celle qui pourroit mériter le plus
« d'attention. Les eaux y sont bonnes, et
« le papier pourroit aisément passer à Bor-
« deaux et y entrer successivement en con-
« currence avec les papiers qui y sont portés
« d'Angoumois et de Languedoc ; ce qui ren-
« droit néanmoins le succès douteux, ce seroit
« les mauvaises matières qui sont employées
« dans ce département à la fabrique de
« papier. On ne seme que du lin en Bearn
« et en Bigorre ; on n'y fait point du tout

« de toile de chanvre, qui seule produit, à
« ce que l'on m'a assuré, la matière la plus
« propre à faire du beau papier. D'ailleurs,
« M^r pour suivre l'exécution de ce reglement
« dans dix papeteries qui se trouvent répen-
« duës dans une étenduë de terrain consi-
« derable, il seroit necessaire de commetre
« quelqu'un qui fit de fréquentes visites
« dans les moulins de fabrique, et qui
« commonçat par disposer les fabriquants à
« demender les nouveaux moules et for-
« mes qui leur sont prescrites. Je n'ay d'ins-
« pecteur dans ce département que celluy
« de Bordeaux qui y vient faire une tournée
« de quinze jours par an ; il faut que dans
« ce peu de temps il parcoure les fabriques
« de Bearn et que successivement il veille
« aux bureaux de controlle que vous avés
« dessein d'établir à Bayonne et peut-être à
« Oleron. Si la nécessité d'établir à Bayonne et
« à Oleron un bureau de controlle vous déter-
« mine à m'envoyer quelqu'un d'intelligent,
« je pourray m'en servir aussy pour la visite
« des papeteries et pour y établir la régu-
« larité de la fabrique. Toutes ces réflexions
« n'empêcheront pas, M^r que, suivant vos
« ordres, je ne rende une ordonnance en
« conformité de votre lettre que j'auray soin
« de faire notiffier et remettre aux fabriquants

« et aux maîtres des papeteries, affin qu'ils
« ne puissent ignorer les intentions du Conseil
« à cet égard.
     « Je suis etc. »

               « A Auch le 20 novembre 1740
         « Monsieur
 . « J'ay reçu la lettre que vous m'avés fait
« l'honneur de m'écrire le 2 du mois passé
« par laquelle vous m'ordonnés de défendre
« aux taneurs de mon département d'employer
« aucuns orges ny autres grains à la pré-
« paration des cuirs. Dans le cours de la
« tournée que je viens de faire, j'ay eù soin
« de m'informer sous différents prétextes de
« quelle façon les taneurs préparoient leurs
« cuirs et quelle matière ils y employoient.
« J'ay sçu qu'on ne se servoit uniquement
« que de la chaux et de l'écorce d'arbre, et
« que l'usage de l'orge y est absolument
« ignoré. J'ay crù, Mr sous votre bon plaisir
« que dans ces circonstances il ne convenait
« pas de rendre à ce sujet aucune ordon-
« nance qui ne pourroit produire d'autre effet
« que d'exciter peut-être la curiosité de ceux
« qui ne connoissent point l'usage des grains
« pour la préparation des cuirs.
     « Je suis etc. »

Il peut sembler étrange que des arti-

sans aient réclamé eux-mêmes une régle-
mentation ; nous voyons cependant les
orfèvres de Pau demander des statuts.
M. de Sérilly expose à ce sujet au contrôleur général que le défaut de maîtrise
ou jurande en Béarn, où les arts et pro-
fessions mécaniques sont absolument libres,
rend difficile une règlementation dont des
gardes ou jurés ne pourraient surveiller
l'exécution ; néanmoins , « comme il est
vrai dans le faist que les orphévres de Pau
ne suivent aucune règle dans la fabrication
de leurs ouvrages, qu'ils travaillent sans
se faire connoître , qu'ils travaillent les
matières à tel titre qu'il leur plait, et qu'à
cet égard le public est exposé à être continuellement la dupe de leur mauvaise foy;
que l'intérêt du Roy peut même s'i trouver
compromis, dans une pareille conduite »,
l'intendant envoie un projet d'arrêt concerté
avec les membres du parlement comme Cour
des monnaies, et qui doit remédier aux
abus sans toucher aux privilèges de la
province. Il est à regretter que nous ne
possédions pas cet arrêt.

Les corporations avaient, du reste, des
privilèges et des monopoles qui en faisaient des corps importants. Les barbiers,
perruquiers, baigneurs et étuvistes de la
ville de Bayonne s'exagérèrent cette importance au point de pousser leurs visites
pour surveiller la concurrence, avec l'assistance d'un officier de justice, jusqu'au
bourg Saint-Esprit, de l'autre côté de l'A-
dour ; or, cet espèce de faubourg ne dépendait en rien de la ville ; le chapitre des
chanoines de l'église collégiale, seigneur
du lieu, en avait la haute justice, sauf
appel au sénéchal de Tartas. Les perruquiers obtinrent un arrêt sur requête en
leur faveur, mais le chanoine Dupont,
syndic du chapitre, se pourvut contre cet
arrêt, et M. de Sérilly conclut en sa faveur.

Travaux publics.

Avant M. d'Etigny, le grand voyer de
Gascogne, les routes de l'intendance d'Auch,

comme la plupart de celles de France, étaient fort peu praticables. Néanmoins, il faut reconnaître que M. de Sérilly s'occupa avec intérêt des moyens de communication, répara et créa même des chemins. Sa correspondance à ce sujet est presque toute entière avec M. d'Ormesson.

Le passage de Madame en Gascogne fut très utile à la vicinalité de cette province sur le parcours de Bayonne à Bordeaux. L'ingénieur Pollart employa toute l'année 1739 à ces travaux, dont les frais furent avancés par le roi. Il fit à travers les petites Landes un chemin qui, depuis Langon, traversait les villes de Bazas, Roquefort, Mont-de-Marsan, Tartas et Dax. Ce chemin « infiniment plus gracieux et plus commode à tous égards » était destiné à remplacer la route postale des grandes Landes où il n'y avait « nule sorte de ressource pour les voyageurs, soit pour le gite soit pour les choses nécessaires à la vie ny pour les secours nécessaires en cas d'acciden. » Voici ce que dit M. de

Sérilly d'une partie de cette route appelée le Lalucar :

« Il paroit que ce chemin est extrêmement « mauvais, de beaucoup trop étroit, et situé « entre deux fossés de la profondeur de 4 à « 5 pieds et presque toujours remplis d'eau, « en sorte que si une voiture se dérangeoit « de sa voye, elle couroit risque d'y perir ; « cette partie du chemin, qui est de la lon- « gueur d'environ 200 toises, ne sauroit être « reparée avec quelque solidité parce que le « sol en est marecageux et de quatre pieds « plus bas que la surface du terrain qui « l'environne ; cependant , comme la mes- « sagerie et la poste y passent, je viens de « rendre une ordonnance pour obliger la « communauté de Saint-Vincent d'y faire les « reparations possibles, pour le rendre moins « mauvais, de même que le petit pont de « bois qui se trouve au bout de cette partie « du chemin. J'ay chargé le sr Pollart d'y « avoir l'œil et d'y envoyer un homme en- « tendû pour conduire le travail et le faire « faire dans la meilleure forme. »

L'intendant obtint avec peine des États de Navarre le remboursement de 18,685 livres en six annuités, et du *bilzar* ou assemblée

générale des États de Labour le remboursement de 14,747 livres, sauf demande en
décharge ou modération.

L'entretien des routes était en effet à la
charge des communautés ; elles y pour-
voyaient par des impositions et par des
prestations personnelles appellées corvées
qui subsistent encore aujourd'hui. La lettre
suivante à M. d'Ormesson montre que les
corvées étaient établies depuis peu dans le
pays.

« A Auch le 18ᵉ àoust 1740

« Monsieur

« En arrivant à Auch, j'ay examiné l'état
« actuel des corvées, le nombre des ouvriers
« qui y travaillent, et la quantité d'ouvrage
« qu'ils ont fait cette année. Cet établissement,
« tout nouveau qu'il est, a mieux pris dans ce
« pays qu'on ne pouvoit l'espérer. On y en
« connoit toute la nécessité, et on sent que
« s'il est onereux dans le temps present, l'effet
« en sera tres utile pour l'avenir. Pour intro-
« duire ces corvées avec moins de difficulté,
« on a été obligé de s'en raporter aux denom-
« brements qu'ont fourny les consuls de chaque
« parroisse ; ces denombrements ont été faits
« très legerement et ne comprennent pas l'un

« dans l'autre la moitié des habitans en état
« de travailler. La taille étant réelle et les rolles
« de la capitation ne comprenant que les chefs
« de famille, les rolles ne mettent point en
« état de vérifier ces denombrements, et il
« seroit presque impossible d'en constater l'in-
« fidelité, ce n'est neamoins qu'au moyein de
« cette vérification qu'on peut connoitre au
« vray le nombre des travailleurs, et se mettre
« à portée de fixer à chaque parroisse la quan-
« tité de toise d'ouvrage qu'elle doit faire.

« J'ay pensé, M' qu'il y auroit un moyein
« de faire cette fixation, et j'ay l'honneur de
« vous le proposer. Ce seroit de la regler a
« raison du nombre de feux de taille dont
« chaque parroisse est composée. Il peut
« bien naitre de cette évaluation quelques er-
« reurs, résultantes de ce que les possesions
« n'étant pas égales, il peut arriver que le nom-
« bre des habitans ne soit pas relatif au nombre
« des feux ; mais cet inconvenient est encore
« moindre que celuy de laisser travailler les
« corvoyeurs sans leur donner de tàches.

« Ce qui m'a donné l'idée de cette fixation
« est de l'avoir trouvé toute établie dans les
« chemins auxquels travaillent les habitans des
« montagnes pour Bareges et Cauterés où la
« taille est réelle comme icy. Ils l'ont réglé
« ainsy d'eux mesmes, et sans y ètre forcés,

« c'est ce qui m'a fait penser qu'on pourroit
« faire suivre leur exemple par les habitans du
« païs de generalité.

« J'attendray, M' vos ordres pour me con-
« firmer dans cette idée, si vous la trouvés
« bonne, et je n'agiray point en consequence
« que je ne les aye recus.

« Je suis, etc. »

M. de Sérilly s'occupait aussi activement
de la réparation des chemins de traverse
« necessaire pour le débouché des d'anrrées. »

Le soin de la voirie était remis à l'administration des ponts et chaussées, dont
l'ingénieur Pollart était alors le principal
agent dans la Généralité. Chaque année, un
projet de dépenses pour l'exercice prochain
était soumis à l'approbation du Conseil des
finances, et nous voyons par un rapport du
31 mai qu'il était l'objet d'une minutieuse
attention.

Les oppositions au tracé des ponts et
chaussées étaient jugées par le Conseil des
finances. La communauté de Jurançon se
plaignait de l'alignement dressé pour un che-

min qui allait de la route de Pau à Oloron
au village de Jurançon ; cependant M. Pollart
avait déjà rectifié le plan sur les observations
des députés de la communauté. M. de Sérilly,
après s'être rendu sur les lieux, conclut à
ce qu'on abandonnât le projet, parce que
« la décoration extérieure était le seul avantage qu'on en retiroit. » Nous voyons dans
cette dépêche que le grand chemin de Pau
à Oloron venait d'être « fait et alligné
dans la longueur d'environ 450 toises vis
à vis le nouveau pont de pierre qui a été
construit en cette ville sur le Gave. »

L'expropriation avait lieu sans formalités
et l'indemnité n'était payée qu'après la prise
de possession, ce qui donnait facilement
lieu à des abus. Un propriétaire, le sieur
Casaunau-Geste, s'adressa au cardinal de
Fleury pour demander le paiement du terrain qu'on lui avait pris pour un nouveau
chemin du port de Lannes à Bayonne, et
pour se plaindre des vexations du sieur
d'Orteman, inspecteur des travaux. M. de
Sérilly expose qu'il pourvoira à l'indemnité

aussitôt après le mesurage du terrain pris,
puis il ajoute :

« Quand aux degats particuliers dont le s^r
« Casaunau se plaint, j'en ai fait verifier la
« realité, il paroit que le s^r Dorteman a affecté
« par une predilection condamnable de faire
« couper plusieurs arbres sans nule sorte de
« besoins sous le pretexte de s'en servir pour
« fair raccommoder les brouettes, et que par
« les memes principes il a fait enlever du gazon
« dans les prairies.

« Sur ces faits particuliers, après en avoir
« conferé avec le s^r Pollart, j'ay chargé mon
« subdélégué de faire estimer le degat, et je
« me suis proposé sous votre bon plaisir, M^r
« non seulement d'en faire retenir le montant
« sur les appointemens de ce sous inspecteur,
« mais encore de lui oster son employ si la
« chose se trouve de quelque objet. Il ne me
« paroit pas naturel de laisser la conduitte des
« ouvrages de cette espece à des gens qui
« abusent de la confiance qu'on leur donne
« et du pretexte specieux du bien du service
« pour vexer les sujets du Roy, par le seul
« plaisir de leur faire du mal. J'auray l'hon-
« neur de vous informer de ce qui aura été fait
« à ce sujet. »

Quelquefois on donnait un terrain abandonné en échange ; c'est ainsi que l'ingénieur Pollart, reconstruisant un pont sur la Gimone, dit à l'homme d'affaires de l'abbé Vauronis, au sujet de terrain pris dans les dépendances de l'abbaye, qu'il pouvait s'approprier l'emplacement de l'ancien pont et de l'ancien canal.

L'intendant s'occupait aussi des travaux de voirie des villes, du moins sur le parcours des grandes routes. Voici deux dépêches à ce sujet :

« Auch le 4 aoust 1740

« Monsieur

« En venant de Pau pour me rendre icy
« j'ai passé à Mirande où j'ay examiné, le
« plan à la main, le pont qui y est actuele-
« ment sur la rivière de Baïse et l'emplacement
« de celluy qu'on se propose d'y construire
« à neuf, suivant le projet qui en a été agreé
« au Conseil. La partie de l'ancien pont dont
« deux arches entieres sont tombées fut cons-
« truite, il y a environ 25 ans ; ce qui en reste
« ne promet pas une solidité bien parfaitte ;
« cependant, Madame la princesse de Léon,
« dame de Mirande, soit par amour pour ses
« habitans qui craignent le travail qui sera à

« faire par corvée, soit par complaisance pour
« l'interest de quelques particuliers qui luy
« sont attachés et auxquels le nouveau pont
« causeroit quelque derrangement, demende,
« avec la plus grande instance, que le projet
« de ce pont n'aist point lieu. J'ay eû l'hon-
« neur de la voir hier à Lectoure où il en
« a beaucoup été question ; mais quelque
« choze que j'aye peû luy dire pour luy faire
« comprendre la necessité d'executer le plan
« du nouveau pont pour lequel partie des
« matériaux sont déjà portés à pied d'œuvre,
« et la pierre taillée suivant les dimentions
« du nouveau plan, je n'ay peû la desabuser.
« Elle demende qu'on se contente de recons-
« truire les deux arches de l'encien pont qui
« sont tombées, quoiqu'il soit visible par l'ins-
« pection des lieux que l'ouvrage ne vaudra
« rien, parce que ce qui reste de vieux peut
« manquer d'un moment à l'autre. Dans ces
« circonstances, je pense, Monsieur, que pour
« ne point desobliger absolument Madame la
« princesse de Leon , qui paroit prendre la
« choze à cœur, on pourroit differer la cons-
« truction de ce nouveau pont jusqu'à ce que,
« mieux conseillée, elle soit parvenue à en
« sentir toute la nécessité ; ce ne sera que
« dans les inondations que le voyageur en
« pourra souffrir, parce que hors ce tems la

« partie du pont qui existe encore sur le prin-
« cipal courant de la rivière suffit pour le
« passage du public.

« Je suis etc. »

« A Auch le 2e décembre 1740

« Monsieur

« J'ay l'honneur de vous envoyer un projet
« d'arrest du Conseil pour autoriser une ad-
« judication faite par mon subdelegué à Muret
« de la construction d'une muraille le long
« de la rivière de Garonne et eviter par cet
« ouvrage la ruine entiere d'une rue de cette
« ville comme aussy pour ordonner l'impo-
« sition de la somme de 1350 livres à la-
« quelle ces ouvrages ont été adjugés. J'y
« joins les pièces dont le vù est fait dans le
« projet.

« Je suis etc.

Il était alors question de construire un
canal de Riscle à Saint-Gresse, pour étendre
la navigation de l'Adour. M. de Sérilly
n'était point partisan de ce projet, et il
en donne des raisons dans un rapport à
M. d'Ormesson. Évaluant la dépense à
660,000 livres, il estime que le roi n'a
point l'intention de s'en charger, que la

province ne peut y suffire et que si des
particuliers prennent l'entreprise, ils pré-
tendront à un tarif exorbitant. Il ne croit
point d'ailleurs ce travail nécessaire :

« En suposant ce canal construit, au trans-
« port de quelles marchandises servira-t-il ?
« En descendant l'Adour il servira au trans-
« port des vins et eaux de vie qui descendent
« à Bayonne et de là passent à l'étranger ;
« au transport des bleds lorsque la généralité
« n'en aura pas un débouché suffisant pour
« les farines de minot par Nerac, ou pour
« l'intérieur du royaume par la Garonne. Il
« faut observer sur cet objet qu'ordinairement
« Bayonne se fournit de grains de Bretagne.

« En remontant l'Adour, ce canal ne peut
« servir qu'au transport des sels qui arrivent
« de Marenne à Bayonne, et de Bayonne re-
« montent par l'Adour du costé de la Géné-
« ralité. Il est aisé de sentir que l'objet des
« sels qui remontent ne peuvent fournir un
« droit equipolent aux frais du canal ; qu'à
« l'égard des bleds, le produit en est incertain,
« et que les vins et eaux de vie ayant jusqu'à
« present descendu à Bordeaux et à Bayonne
« independamment du canal, on continuera
« de suivre les routes pratiquées jusqu'à ce

« jour, à moins que la navigation du canal
« ne fut gratuite. »

M. de Sérilly conclut ainsi :

« Voici, M' quels seroient les ouvrages et
« les mesures que je croirais necessaires de
« prendre pour etendre la navigation de l'A-
« dour et la rendre plus commode.

« Il conviendrait 1° quand aux nasses de
« les suprimer totalement, depuis Bayonne
« jusqu'à Grenade et un peu au dessus. Ces
« nasses ne servent qu'à la pèche ; les pro-
« priétaires n'en ont pour titres que l'usage,
« et d'ailleurs il ne seroit pas possible d'as-
« treindre ces propriétaires à tenir leurs nasses
« en tel état qu'elles ne portassent pas un
« préjudice perpetuel à la navigation ; ainsy
« la destruction en est indispensable ; 2° faire
« executer les dispositions de l'arrest de 1733
« aux propriétaires des moulins ; cet objet
« ne seroit pas difficile à remplir en y tenant
« la main ; depuis 1733, il a esté dressé dif-
« ferens procès verbaux de contravention ;
« mais on ne voit pas que lés abus ayent
« été réprimés : ils sont trop inveterés ; 3° faire
« un chemin de Riscle à Grenade ; ce chemin
« est en plaine ; il n'a que sept lieuës ; il
« n'exige ny ponts ni levée.

« En suivant cette idée on rendroit la na-
« vigation de l'Adour facile quasy en tout
« tems ; et comme elle ne va que jusqu'a
« Saint-Sever, elle se trouveroit augmentée
« de trois lieuës, c'est-à-dire de Saint-Sever
« à Grenade.

« Les fonds pour ces dépenses se trouve-
« roient sens besoin d'augmentation dans les
« 10000 livres imposées en conséquence de
« l'arrest de 1733 ; et encore cette imposition
« fourniroit-elle successivement aux frais de
« ballissages des rivières de Garonne, de
« l'Adour et de la Douse dans toute l'étendue
« de la Généralité. »

Haras.

Sur les sept dépêches adressées à M. de
Maurepas, cinq sont relatives au service
des haras, compris sans doute dans le ministère de la maison du roi. Elles sont
assez courtes pour que nous les reproduisions, à l'exception de la première qui
accompagne l'envoi d'une lettre de change.

« A Pau le 29 may 1740

« Monsieur

« Mon subdelegué à Auch me marque que

« les six chevaux que vous avés destinés cette
« année pour les haras de mon département
« y sont arrivés le 22 de ce mois en assés
« bon état, mais que depuis le depart du
« conducteur on s'est aperçu qu'un des che-
« vaux noirs a un œil perdu sans qu'il paroisse
« qu'il soit survenù aucun accident ; on craint
« meme beaucoup pour l'autre œil qui paroit
« mauvais. Ces chevaux sont soignés par deux
« hommes entendûs, et je compte de les laisser
« à Auch jusqu'apres la monte qui se fait ac-
« tuellement. Par l'etat que le conducteur a
« remis à mon subdelegué, il ne se trouve
« que cinq de ces chevaux de signalés quoy
« qu'ils eussent dû l'etre tous six, suivant
« que vous l'aviés marqué à M* Daignan sub-
« delegué general en mon absence. Quoy qu'il
« en soit le sixieme cheval non signalé n'est
« pas un des moindres. Le conducteur ayant
« demandé de l'argent, mon subdelegué luy
« a fait remettre 400 livres. J'ay crû, M*
« qu'il étoit necessaire que vous en fussiés
« informé, ainsy que de l'etat où se trouve
« un de ces chevaux qui vray semblablement
« ne pourra point servir pour l'usage auquel
« vous le destinés. Je suis etc. »

« A Saint Jean Pied de Port le 27* juin 1740
    « Monsieur
  « Je reçois la lettre que vous m'avés fait

« l'honneur de m'écrire le 16 de ce mois ; je
« viens de donner des ordres en conséquence
« pour empecher que la communauté de Bala-
« gué, païs de Couzerans, ne contribüe en rien
« au payement de la somme de 120 livres à
« quoy se montent les frais du logement qui
« a été mis chés le nommé la Roque habitant
« dud.lieu faute par luy d'avoir mené ses jumens
« à l'etalon. Je fais en meme temps avertir
« ce particulier, M^r que je suis informé de ses
« insolences à l'égard de M^r le vicomte de
« Larboust et que si j'aprends qu'il s'ecarte
« encore le moins du monde des bornes du
« respect qu'il luy doit, je prendray des mesures
« pour l'en faire punir severement.
     « Je suis, etc. »

« A Saint Jean Pied de Port le 28 juin 1740
        « Monsieur
     « Le s^r Dapats, inspecteur des haras de la
« Navarre, vient de me présenter un cheval pour
« remplacer un etalon au lieu d'Ugange qui est
« vieux, hors de service. Je l'ay fait examiner
« par des gens connoisseurs et sur le temoignage
« avantageux qu'on m'en a rendù j'ay cru de-
« voir le recevoir. C'est un cheval du païs agé
« de cinq ans, j'ay l'honneur de vous envoyer
« son signalement, il coute 300 livres, dont
« j'ay ordonné le payement sur la caisse des

« haras de Navarre. A l'egard du vieux cheval
« etalon reformé qui est borgne et entièrement
« ruiné, je viens de le faire vendre après les
« publications ordinaires, on n'en a pu tirer
« que 30 livres dont le tresorier se charge en
« recette. Je suis, etc. »

« A Auch le 10 aoust 1740

« Monsieur

« J'ai eû l'honneur de vous marquer par ma
« lettre du 29 may dernier qu'un des six che-
« vaux qui ont été renvoyés icy pour servir
« d'etalons avoit un œil entièrement perdû. On
« s'aperçut, dés lors, que l'autre œil menaçoit
« ruine; on a fait usage de tous les remedes
« qu'on a crû propres pour tacher de le guerir,
« rien n'a opéré. Mr le vicomte de Larboust
« l'a veû et examiné pendant plusieurs jours
« qu'il a resté icy, et il a jugé, comme
« moy, que c'est un cheval dont on ne
« sauroit faire aucun usage pour le haras;
« le seul party à prendre, dans ces circons-
« tances, est de s'en deffaire. Je n'ay pas crû
« cependant, Mr devoir le faire exposer en
« vente sans avoir auparavant receu vos ordres.
« je les attendray pour m'y conformer.

« Dans la tournée que je viens de faire du
« costé des Pirennées j'ay veû partye des eta-
« lons qui sont du département de Bigorre sous

« l'inspection de M' Monda. J'en ay trouvé
« deux, l'un à Lourde, l'autre dans la vallée
« de rivière douce, entièrement hors de service,
« celluy de Lourde est un cheval englois âgé
« de près de 30 ans, et l'autre est un cheval
« d'Espagne ruiné. Ils vienent d'etre reformés
« et j'ay donné des ordres pour les faire vendre
« en la forme ordinaire.

 « Je suis etc. »

Postes.

Les six dépêches adressées à M. Dufort
se rapportent au service de la poste aux
chevaux et aux lettres.

Voici la première :

  « A Pau le 11° juin 1740
 « Les habitants de Bagnieres, Monsieur, et
« plus particulierement encore les personnes
« qui vont y prendre les eaux, se plaignent
« du grand retardement qu'ils eprouvent dans
« l'envoy des lettres destinées pour cette ville.
« Le commandant de la citadelle de Blaye,
« qui y est actuellement, m'a ecrit ces jours
« passés à ce sujet, et comme il accusoit le
« directeur de Tarbe, j'ay cru devoir faire ve-

« riffier le fait par mon subdelegué. J'ay l'hon-
« neur de vous envoyer sa reponse et la lettre
« de ce commandant. Le directeur n'est point
« en faulte, mais le changement que mon sub-
« delegué propose me paroit raisonnable, je
« crois qu'en l'adoptant le service seroit mieux
« et plus promptement fait sans augmentation
« de dépense. J'ay l'h. d'etre, etc. »

Nous voyons par les autres dépêches qu'on
venait au secours des maitres de poste qui
éprouvaient des pertes de chevaux ou de
propriétés. Deux rapports ont trait à des
« pignadas » incendiées. On appelait *pignada*
une colline sablonneuse couverte de pins ;
il y en a un grand nombre dans les Landes.

Communautés.

Les communautés (qu'on nomme aujour-
d'hui communes) étaient sous la tutelle
administrative ; elles ne pouvaient acheter,
vendre, emprunter, aller en justice sans
autorisation. Un arrêt du 8 août 1731 leur
défendit d'intenter ou de soutenir aucun
procès sans y être autorisées par l'intendant.

M. de Sérilly, accusant réception de cet arrêt, le 22 juillet 1740, dit au contrôleur général que cette défense « trouvera d'autant plus son aplication dans cette frontière, qu'on y étoit dans l'abusive opinion que la permission de l'intendant n'etoit d'aucune necessité aux communautés pour deffendre aux procès qu'on intentoit contre elles. »

La correspondance avec M. de La Houssaye est consacrée en entier, sauf une dépêche, aux intérêts des communautés. Nous allons la dépouiller en même temps que les autres dépêches relatives à ces intérêts.

Ce sont le plus souvent de longs rapports sur les dettes des communautés, véritables histoires de procès qui durent souvent depuis fort longtemps :

Sus. — Madame de Partarieu, épouse de M. de Fages, avocat général au parlement de Pau.

Guimencon ou *Guermaçon*, en Béarn. — Le sieur Cassemajor ou Cazemayor, baron d'Ayen.

Castelnau de Picampon. — Les sieurs Larrieu frères, de Castéra, en Comminges.

Quartier de *Horsa* dans la communauté ou vallée *d'Orsès*. — Le sieur Pellegrin.

Les syndics de *Monmour*. — Le marquis de Mesplès et le sieur Lafite-Maria.

Hagetman. — La demoiselle de Salenave, veuve du sieur Picart, d'Andaux, en Béarn (1).

Sus, en Béarn. — La dame de Doat, veuve du sieur de Mosqueros, de Salies, en Béarn (2).

Beaumarchés. — Le sieur de Laterrade, lieutenant principal au siège de la ville.

Le sieur d'Astugue, premier consul de la

---

(1) L'origine de cette dette était un emprunt fait par les jurats d'Hagetman en 1658 pour payer le contingent de cette communauté à l'entretien de deux régiments que le roi avait envoyés en Chalosse.

(2) L'origine de cette dette était la prise à ferme pour quatre années « moyennant 450 francs bourdalois pour chacun an » d'un bois appartenant au sieur de Saint-Saudens, seigneur du lieu, pour se libérer d'un droit de carnal dont celui-ci jouissait sur les bestiaux entrant dans ce bois.

Dans cette affaire, considérant le peu d'importance de la dette (1622 livres), M. de Sérilly propose d'ordonner le remboursement du capital, par exception aux principes du Conseil.

ville de *Galan*. — Le sieur Foubeau, ancien médecin de la communauté (à 100 livres par an) (1).

Le Grès, en Lomagne. — Baque, consul.

Une fois, il s'agit d'une « barthe » dont les communautés de Vicq et de Cassen, dans les Landes, se disputent la jouissance. Une autre fois, il est question de faire cesser les cabales qui divisent la communauté de Mugron, dans la subdélégation de Saint-Sever. Ici, les jurats de quelques communautés de Bastille de Marsan se plaignent à tort d'une délibération prise le 30 juin par leurs Etats pour accorder une gratification de 4,000 livres au sieur Dabadie Monbet, leur syndic, qui a demeuré près de deux ans à Paris afin d'obtenir la confirmation des privilèges du pays.

---

(1) Il y avait ici un conflit de juridiction entre M. d'Aignan, subdélégué général, et le parlement de Toulouse, qui renvoyait l'affaire au sénéchal de cette ville. M. de Sérilly déclare que la prétention du parlement est « contraire aux arrets du Conseil suivant lesquels l'intendant est commis pour verifier les dettes des communautés et pour les allouer ou les rejetter. »

Là , des particuliers de la paroisse de Pimbo, dans l'élection des Landes, s'adressent au cardinal Fleury au sujet d'une prétendue usurpation faite par l'abbé de l'église collégiale de ce lieu d'un terrain situé derrière l'église et qui aurait servi autrefois de cimetière.

« L'abbé de Pimbo montra « un acte de « 1268 par lequel l'abbé et le chapitre de « Pimbo, seuls seigneurs du lieu donnerent « pouvoir à Edouart Roy d'Engleterre de batir « une maison forte ou nouvelle populanie, « et que leurs terres, forets ou possessions « qui seroient baillées à ceux qui viendroient « pour l'habiter, leur seroient données sous « une rente ou cens annuel, et ils excepte- « rent de ce don leurs vignes, jardins, ver- « gers et bois avec la moitié des droits et « devoirs de Sirmenages sur les habitans qui « habiteroient à l'entour de l'église avec les « deux tiers de la justice. »

Deux dépêches au comte de Saint-Florentin traitent des affaires de propriété communale.

L'une a trait à des contestations entre

les habitants de Herrère et ceux d'Arrens
et de Marsous dans la vallée d'Ozun en
Lavedan, au pays de Bigorre. Ces contestations ont donné lieu à un rapport
clair et précis d'une vingtaine de pages,
qui est de beaucoup le plus long du recueil,
quoiqu'il ne conclue pas au fond.

L'autre dépêche est relative à une affaire
entre les habitants de Bazzun, en Béarn,
et M. de Montégon, avocat général au
parlement de Pau « au sujet de la propriété des terres hermes, landes et patis. »
Les habitants de Bazzun, suspectant le
parlement de Pau de partialité pour un
de ses membres, demandaient au roi de
renvoyer l'affaire au parlement de Toulouse. L'intention de S. M. était que l'affaire fut terminée à l'amiable, mais M.
de Montégon ne se soumit pas à cette
voie. L'intendant conclut à ce que l'affaire
soit évoquée au Conseil, mais renvoyée
ensuite par devant lui pour « dresser
procès-verbal des dires et contestations
des parties » et donner ensuite son avis.

« Ce n'est point, M' dit-il, que je sois
« curieux de pareilles attributions. J'ay icy
« suffisamment d'affaires pour occuper mon
« tems sans chercher à dépouiller les juges
« ordinaires, ce n'est ny mon gout ny mon
« dessein, mais je considère, dans cette occa-
« sion le bien d'une communauté qui dénuée
« des revenus communs sera accablée par les
« fraix immenses d'un procès dont le succès est
« d'ailleurs douteux pour elle. »

Les revenus des communautés consistaient, en dehors du produit de leurs biens
immobiliers, dans des droits et impôts
dont plusieurs ont donné lieu à des dépêches de notre recueil. Certaines de ces
dépêches sont relatives à des demandes
d'établissement de droits de « mayade »
perçus « sur chaque barrique de vin qui
se vendra à pot et à pinte au cabaret »
et « sur le vin qui se vendra en détail
tant chés les bourgeois qu'au cabaret. »
La quotité demandée pour ces impôts était
de 2 livres 10 sous et 3 livres, 6 livres
même par barrique. L'intendant se faisait
remettre un état des charges locales,
examinait la requête et donnait son avis

sur l'établissement de l'impôt et sur sa quotité.

M. de Sérilly était partisan de l'impôt sur le vin « sans contredit le moins coûteux »; contribution d'ailleurs « répartie sur une espèce de gens plus nuisibles qu'utiles à la société. » M. Orry, au contraire, était éloigné de ce genre d'impôt « sur le principe que les habitants d'une communauté doivent payer seuls leurs charges sans que les étrangers y contribuent.

« Quoi qu'il en soit, la mayade était en usage dans presque toutes les principales paroisses de la Soule et de la Navarre, et la seule ressource de ces communautés pour subvenir à une partie de leurs charges ordinaires. »

En même temps que l'impôt sur le vin, les communautés demandaient le plus souvent la permission d'affermer la boucherie, ou d'établir une imposition sur les habitants au marc la livre de la taille ou de la capitation, imposition qu'elles réclamaient seule quelquefois, et que l'intendant accordait lui-même pour les sommes minimes. M. de

Sérilly n'approuvait point cette espèce de contribution « qui est toujours suportée avec peine » et qui pouvait donner lieu à « un arbitraire toujours à craindre et toujours onéreux aux redevables. »

Les intendants ordonnaient quelquefois des impositions d'office. C'est ce qu'avait fait M. de Saint-Contest pour la communauté de Villeneuve-de-Marsan.

Certaines communautés avaient des sources de revenus dans divers droits féodaux. La ville de Mont-de-Marsan prenait, comme nous l'avons vu, les deux tiers d'un droit dit de seize sur toutes sortes de denrées et de marchandises qui y passaient. La communauté de Navarrenx jouissait par allièvrement du droit d'un moulin banal sur le Gave. La ville de Montréjeau prétendait avoir un droit de taverne. Celle de Saint-Sever percevait des droits de péage sur son pont.

Les syndics et consuls de la communauté de Campan en Bigorre demandèrent la faculté d'affermer la vente exclusive du sel en soutenant qu'ils en avaient joui de

7

tout temps comme les autres villes de
pays. Cette requête était faite à la suite
du dernier bail, dans lequel le sieur Boigela,
fermier de ce droit, leur en avait contesté
le titre. M. de Sérilly estime que la communauté de Campan n'a pas de droit sérieux
à la vente exclusive du sel et il ajoute
judicieusement :

« D'ailleurs, une pareille ferme tirerait à
« des conséquences infinies pour le public
« qui se trouverait gêné pour faire ses pro-
« visions de sel ; étant obligé de l'acheter
« des mains d'un fermier qui n'oublie rien
« pour gagner dans ses marchés. Si une
« pareille ferme devait avoir lieu il paroitroit
« plus naturel qu'elle tournât au profit du
« Roy, cette faculté faisant une des principales
« parties des droits de la couronne. »

Les coupes extraordinaires offraient encore
un moyen de parer aux cas pressants. La
communauté de S...nt-Blanquart, en Nébouzan, demanda l'autorisation de faire couper
et de vendre la moitié de sa réserve pour
payer une somme de 1,700 livres employée

en réparations au presbytère et en autres
dépenses. M. de Sérilly proposa de ne
laisser couper que 300 pieds au choix des
officiers de la maltrise des forêts « parmy
les arbres plus anciens, malvenants ou
sur leur retour. »

Les communautés avaient enfin, en outre
des emprunts, la ressource d'aliéner une
partie de leurs biens fonciers. C'est ce que
demandait à faire la communauté de Dongen
en Béarn, dont les revenus étaient absor-
bés par les charges.

« Cette demande, monsieur, dit l'intendant
« à M. d'Ornesson, semblerait d'abord ne
« devoir ̧ oint être écoutée par le préjugé géné-
« ral où l'on est que les biens des commu-
« nautés ne sauraient être conservés avec trop
« de soin ; mais je pense qu'il y a une grande
« différence à faire des communautés de Béarn
« et de la Navarre avec celle des autres pays.
« Celles de Béarn ont des terrains immenses
« qui ne leur produisent aucun revenu faute
« d'être cultivés. Ce déffaut de culture vient
« de l'aisance des habitans lesquels ayant
« presque tous des biens en propres autant
« qu'il leur en faut pour se procurer leur
« subsistance se mettent peu en peine de ce

« qui pourrait augmenter l'abondance et le
« commerce. Aussy, M' bien loin que je trouve
« de l'inconvénient à permetre la vente de
« partie de ces fonds communs, je crois au
« contraire qu'elle peut operer des grands
« biens dans cette frontiere où l'on ne sçauroit
« trop favoriser les deffrichements, d'autant
« plus qu'on se trouve obligé de tirer des
« d'anrrées de l'etranger toutes les fois qu'il
« arrive le moindre accident à la récolte. »

Il s'agissait de l'achat d'un presbytère
pour 750 livres plus 150 livres de réparations,
sans compter les bois et quelques corvées.
Nous trouvons d'autres dépêches à M. d'Ormesson relatives à cette dépense obligatoire
des communautés. Trois sont des lettres
d'envoi de projets d'arrêts du Conseil; l'un,
pour autoriser l'adjudication opérée sous
l'administration de M. de Saint-Contest des
réparations à faire au presbytère de Cas-
taltarbe en Béarn; un autre, pour autoriser
l'adjudication de la réparation à faire à la
maison presbytérale d'Ozenac et permettre
l'imposition de 1,900 livres pour payer l'adjudicataire; un autre enfin, pour autoriser
une délibération de la communauté de Ha-

getman par laquelle celle-ci s'engageait à payer au curé 1,500 livres pour la construction d'un presbytère de 4,000.

Assistance publique.

Trois rapports de M. Orri sont relatifs aux enfants trouvés ; nous allons les reproduire, sauf le commencement du second :

« A Bayonne le 8 juillet 1740
« Monsieur
« Je reçois la lettre que vous m'avez fait
« l'honneur de m'écrire du 28 juin au sujet des
« mesures à prendre pour la conservation des
« enfans qui sont exposés et pour les occuper
« depuis l'age de sept ans aux travaux de la
« campagne, preferablement à ceux des ma-
« nufactures. Je n'ay point encore vu, dans la
« partie de cette généralité que j'ay parcourüe,
« qu'il fut question d'aucune dépense pour le
« compte du Roy pour raison de ces enfans.
« On en expose peu, et lorsqu'on en trouve
« quelqu'un, les villes en prennent soin jusqu'à
« l'age où on peut en tirer quelque service ;
« il s'est formé, depuis quelques années dans
« l'hôpital de Pau, par les soins d'une superieure

« zelée et habile, une petite manufacture de bas
« au metier où l'on occupe ceux de ces enfans
« exposés qui y sont élevés. C'est la seule
« qui soit dans la ville et a plusieurs lieües
« aux environs. Tout cela ne coute rien au Roy
« et ne porte aucun prejudice à la culture des
« terres de la province où l'on ne manque pas
« d'ouvriers. Je verray, Mr lorsque je serai
« à Auch s'il y aura lieu de pratiquer pour
« le païs d'election, la regle dont vous me
« tracez le projet, et j'auray l'honneur de vous
« faire part de mes reflexions à ce sujet, ainsy
« que vous me l'ordonnez.
      « Je suis, etc. »

      « Par les éclaircissements que j'ay pris, Mr
« depuis que je suis icy (Auch), je ne trouve
« point que cette partie de vos charitables
« soins pour le bien de l'Etat puisse avoir son
« aplication dans cette genelarité. 1° Le nombre
« des enfans qu'on y expose est peu considé-
« rable ; 2° les gens de la campagne n'ont point
« icy des fermes et des possessions d'un certain
« objet, ce sont presque tous gens mal aisés
« qui travaillent de petites portions d'héritages,
« et qui, bien loin de pouvoir se charger de
« nourrir et entretenir des enfans étrangers,
« ont grande peine à pourvoir à la subsistance
« des leurs. Cet expedient n'est donc point
« praticable, et l'on ne peut s'empecher de

« suivre à cet egard l'usage ancien de chaque
« lieu où ces enfans sont elevés, soit aux depens
« des villes et communautés, soit aux depens
« des seigneurs ou du Roy même, jusqu'à ce
« qu'ils soient en état de rendre quelque
« service.

« Après avoir remply ma mission pour ce qui
« regarde la generalité d'Auch, permettés-moi,
« M^r quelques reflexions generales sur cette
« matiere. Peut-être jugeré vous qu'on peut
« les apliquer à d'autres pays.

« Il est certain que le nombre des enfans
« exposés à raison de l'illegitimité de leur nais-
« sance ou de la misere de leurs parents a
« tellement augmenté depuis 30 ans que l'on
« ne peut negliger cet objet sans perdre une
« portion immense de sujets.

« Le plus difficile est de les conserver jusqu'à
« l'age de sept ans. Les hopitaux qui en sont
« chargés dans les grandes villes en voyent
« perir la plus grande partie avant l'age de
« deux ans. On pretend que le deffaut des
« nourrices ou leur mauvaise santé ou leur peù
« de soin en cause la perte. Ceux qui sont
« elevés dans les petites villes ou dans les
« villages, soit aux depens des seigneurs, par-
« ticuliers, soit au depend du Domaine, ne
« reussissent gueres mieux par les memes rai-
« sons. On pourroit peut-être trouver quel-

« qu'autre moyen d'assurer la nourriture de
« ces enfans à bon compte sans risquer de les
« confier à des nourrices mal saines et peu
« soigneuses. J'ai eû l'honneur, Monsieur, de
« vous entendre parler autres fois de la maniere
« dont les enfans sont elevés en Baviere. Ce
« point meriteroit d'être discuté. Il n'en est pas
« question quant à present, et il ne s'agit que
« d'examiner si ces enfans arrivés a l'âge de
« sept ans peuvent etre elevés dans l'agriculture
« en les plaçant chez des gens de campagne.
« Si ce projet pouvoit reussir, ce seroit plutot
« pour les enfans mâles que pour les filles.
« Un païsan se chargeroit plus volontiers de
« l'un que de l'autre ; mais ce qui pourra
« eloigner le païsan ou le fermier de se livrer
« à la proposition de se charger de ces enfans,
« sera tous jours la crainte d'avancer ses soins
« et sa denrrée pour la nourriture, sans assu-
« rance que l'enfant parvenu à un certain âge
« ne le quittera par libertinage ou autrement.
« Il faut neamoins convenir que cette idée est
« très bonne en elle-même ; qu'il seroit à desirer
« qu'on pùt la remplir ; qu'elle merite toute
« l'attention des subordonnés pour en suivre
« l'execution.

    « Me seroit-il permis , M᷊ d'ajouter à ces
« observations generales que peut-être l'on
« pourroit elever ces enfants pour la marine ,

« ou meme les former pour la guerre. Cette
« proposition n'exclud pas la première. L'agri-
« culture s'en ressentiroit tous jours puisqu'en
« tirant des campagnes et des côtes maritimes
« moins de soldats et de matelots, ce seroit
« y laisser un plus grand nombre d'habitans
« qui sy trouvent tout établis et que l'on en
« tire souvent malgré eux. »

　　　　　« A Auch le 30° septembre 1740

　　« Monsieur

« Vous m'avés ordonné par votre lettre du
« 26 juillet de vous faire connoitre en detail
« l'usage qui se pratique dans les differents
« cantons de mon département, touchant la
« nourriture et entretien des enfans qui sont
« exposés tant dans les villes que dans les
« campagnes. J'ay l'honneur, M' de vous
« envoyer un memoire par election et par
« subdelegation qui ne contient à propre-
« ment parler que l'extrait de ceux qui m'ont
« été adressés par mes subdelegués sur cette
« matière. Vous y verrés suivant que je vous
« l'ay deja marqué que hors les lieux où il y
« a des hopitaux cette depense est suportée
« par les villes et communautés, en très peu
« d'endroits par les seigneurs quoique ce fut
« à eux à y pourvoir, et que le domaine n'est
« chargé que de la depense des enfans qu'on ex-

« pose à Dax ou aux environs et Toulouze.
« Il seroit bien à souhaiter, pour la conservation
« de ces malheureux que les procureurs du
« Roy des sieges fussent obligés par des ordres
« superieurs à peine d'en repondre en leurs
« noms de faire pendre soin de ces enfans,
« et qu'ils fussent autorisés a descerner des
« executoires sur les fermiers des seigneurs
« dans le territoire desquels ces enfans auroient
« été trouvés. Il en resulteroit deux biens ; les
« nourrices étant regulierement payées, les en-
« fans en seroient mieux soignés, et les com-
« munautés se trouveroient dechargées d'une
« depense dont elles ne sont point tenues.
« Je suis etc. »

Nous voyons aussi le contrôleur général s'occuper de la santé publique, adresser à l'intendant des remèdes de M. Helvétius pour être distribués principalement aux pauvres, et des instructions sur les soins à donner aux noyés.

Prisons.

Il y a deux dépêches sur le régime économique des prisons, l'une à M. Orri, l'autre à M. Trudaine :

« A l'au le 6ᵉ juin 1740

« Monsieur

« Sur la lettre que vous m'avés fait l'honneur
« de m'ecrire le 9ᵉ du mois passé, j'ay demandé
« raison aux officiers de la senechaussée de
« Marsan de l'exces du prix de la ration de pain
« aux prisonniers, qui a été portée a 8 sous
« 6 deniers dans l'exécution nᵒ 26 compris dans
« l'état des frais de justice de trois premiers
« mois de cette année, on m'a envoyé, pour
« reponse, l'adjudication cy jointe qui a été
« faitte au rabais en la forme ordinaire tant
« pour le pain que pour l'eau et la paille fournies
« à chaque prisonnier. Ces deux dernieres par-
« ties sont peut-être causes de la difference
« qui se trouve entre ce prix et celuy qui a
« été pour le pain des prisonniers à Auch ;
« mais ce que je crois de plus vraisemblable,
« c'est que le geolier, qui n'a aucun gages ni
« revenant bon, a voulù se procurer quelque
« dedommagement sur ces fournitures, les-
« quelles, n'ayant point d'objet, n'ont pù être
« adjugés à d'autres qu'à luy. C'est la reflexion
« que je tire des eclaircissemens que m'on
« subdelegué m'a donné à ce sujet, lequel m'as-
« sure d'ailleurs que les officiers à ce siege
« sont d'honnêtes gens, et incapables d'aucune
« mauvaise manœuvre.

« Je suis etc. »

« A Auch le 30ᵉ novembre 1740

  « Monsieur

  « Le geolier des prisons de Saint Jean Pied
« de Port ne retireroit cy devant d'autre bene-
« nefice de son employ que celuy qu'il trouvoit
« dans la plus valüe de la fourniture du pain
« aux prisonniers qui luy estoit toujours ad-
« jugée à un prix très avantageux. A present
« qu'on ne luy passe le prix de la ration de
« pain que suivant la taxe de la police, il ne
« luy reste pour toutes choses que son logement
« et le sol par jour qui luy est accordé par
« prisonnier pour la paille et l'eau. Vous sentés
« bien, Mʳ qu'il n'est pas possible qu'il puisse
« subsister si vous n'avés la bonté de luy
« faire régler des gages. Je pense qu'on pourroit
« les fixer à une somme modique de 50 livres
« par an. C'est la reponse que je dois à la
« la lettre que vous m'avés fait l'honneur de
« m'écrire le 19 octobre dernier.

  « Je suis etc. »

Le remboursement des dépenses d'entretien était dû par les prisonniers et compris
dans le rôle de recouvrement des frais de
justice (fᵒ 114 vᵒ).

DEUXIÈME PARTIE

———

POLICE ET JUSTICE

Les intendants portèrent longtemps le titre d'intendants de police, justice et finances. C'est dire que leurs attributions s'étendaient à toutes les questions qui pouvaient intéresser l'ordre public.

Comme il n'existait pas encore de ministère de l'intérieur, les secrétaires d'État se partageaient l'administration politique des provinces. Cette division s'appelait le *département*. En 1740, la Navarre, le Béarn, le Bigorre et le Nébouzan étaient départis au comte de Saint-Florentin , le reste de l'intendance d'Auch à M. Amelot.

États.

M. de Saint-Florentin fixa l'ouverture des États du Bigorre au 17 juillet ou au dimanche suivant 24 et prescrivit à M. de Sérilly d'y assister. Celui-ci reçut ces instructions à Bayonne , où il était seulement depuis trois jours , et, voulant y terminer ses affaires , demanda à M. de Barbazan de ne convoquer les États que pour le 24. Il se rendit à Tarbes le 23 juillet ; il dut y décider provisoirement les contestations sur le droit de présider en l'absence de l'évêque.

« Je n'ay point trouvé, M^r écrit-il d'Auch,
« le 31 juillet, la matière bien difficile.
« Il y a une regle en Bigorre qui n'est point
« contestée. Un des quatre abbés de Saint-Pé ,
« de Saint-Senin, de la Reole et de Lescaladieu
« a tous jours, au deffaut de l'évêque et en
« l'absence l'un de l'autre, le droit de presider
« aux États ; au deffaut des abbés, les prieurs
« de Saint-Lizier et de Saint-Orens prétendent

« à la presidence, mais elle leur est disputée
« par les vicaires generaux de l'éveché. Un
« de ces prieurs comptant uzer de son droit,
« s'etoit mis en chemin pour venir à Tarbes,
« mais ayant apris que j'etois sur le point d'y
« arriver, il a jugé à propos de retourner chés
« luy, en sorte que la presidence a été devolue
« sans nulle oposition au s' abbé Declaux vi-
« caire général. »

Cette année furent aussi tenus les États
de Nébouzan, en vertu des ordres adressés
à cet effet par le ministre d'État au comte
d'Ercé. Mais M. de Sérilly, n'ayant rien à
y proposer, occupé d'ailleurs au département
des tailles et devant se rendre prochaine-
ment à Bayonne pour l'établissement d'un
bureau de contrôle, se dispensa d'y assister.

Conflits.

Nous trouvons plusieurs dépêches sur les
conflits de préséances ou d'attributions.
Nous allons en donner deux en entier : l'une
est adressée à M. de Saint-Florentin, l'autre
à M. Amelot.

« A Pau 18 juin 1740

« Monsieur

« Vous m'avés fait l'honneur de me ren-
« voyer avec votre lettre du 3 avril dernier la
« requette cy jointe presentée au Roy par les
« jurats de la ville de Sainte-Marie, diocèse d'O-
« loron, tendante à ce qu'il plaise a Sa Majesté
« ordonner que, conformement à l'ancien usage
« et à l'Edit d'Henry II Roy de Navarrre du
« 26 décembre 1546, ils porteront le chaperon
« rouge soit dans les ceremonies soit en exer-
« çant leurs fonctions.

« J'avois compté, M^r avant que de vous
« rendre compte de cette affaire, de m'instruire
« des motifs qui ont pu interrompre l'usage,
« dont les jurats reclament le retablissement ;
« je n'ay pu y parvenir. Ces jurats ont eux
« mémes fait à ce sujet des recherches inutiles ;
« ils n'ônt rien trouvé dans leurs registres qui
« est pu leur en donner la moindre indice ; ils
« se renferment à dire, comme ils l'ont deja
« dit dans leur requette, que ce ne peut etre
« que par la negligence de leur predecesseurs,
« et par le peu d'aptitude à remplir les fonc-
« tions de leur etat, qu'ils ont dedaigné de
« porter cette marque de leur dignité.

« Il semble d'abord, M^r que la demande
« que les jurats font aujourd'huy ne puisse point
« tirer à consequence. Ils ont pour eux le titre,

« ils ont encore l'exemple de presque toutes les
« villes de cette province, où les jurats, toutes
« les fois qu'ils font exercice de leur char-
« ges, soit pour la police qui leur est devolüe
« soit pour tout acte de leur fonctions, et
« dans les ceremonies publiques, sont toujours
« munis du chaperon rouge, comme une marque
« qui les caracterise, qui fait partie des pre-
« rogatives municipales, et qui sert à les faire
« respecter dans les occasions où ils s'occupent
« du service du Roy et de celuy du public.

« Mais un fait que ces jurats ont eu soin de
« taire dans leur requete s'oppose à leurs idées
« et change un peu la parieté qu'ils ont voulu
« etablir entre eux et les jurats des autres
« villes, ils n'ont point dit que l'eveque d'Ole-
« ron et son chapitre sont seigneurs mediats
« de la ville de Sainte-Marie par concession de
« Gaston de Foix seigneur souverain de Bearn
« de l'année 1215, que c'est l'eveque et son
« chapitre qui nomment les magistrats sur
« l'indication de 12 sujets qui leur sont pré-
« sentés par le corps de ville, que les jurats
« elus pretent leur serment en main de l'Eveque
« et du chapitre et que la forme et l'usage de
« cette election a fait la matiere d'une tran-
« saction et d'un autre acte public passé entre
« les parties les 21 mars 1627 et 10 octobre
« 1632 dont l'execution a toujours eté observée.

« Il est vray cependant que, dans les crea-
« tions des charges municipales, la ville de
« Sainte-Marie y a eté comprise et qu'elle a
« fait la reunion moyennant finance ; mais il
« ne paroit pas que M^r l'eveque d'Oleron
« et son chapitre ayent cessé de nommer les
« jurats dans les temps ordinaires, ni que le
« Roy ait suprimé leur droit à cet egard.

« Dans ces circonstances je pense, M^r qu'en
« accordant aux jurats de Sainte-Marie la per-
« mission de porter le chaperon, dans les
« ceremonies publiques et dans l'exercice de
« leur fonction comme une marque de leur
« dignité, il convient d'ordonner qu'il sera
« rouge doublé de violet, cela se pratique
« ainsi à Lescar où l'eveque et son chapitre
« sont egalement seigneurs mediats, comme
« l'eveque et le chapitre d'Oleron le sont
« de Sainte-Marie. Je suis etc. »

« Pau le 27 may 1740

« Monsieur
« J'ay l'honneur de vous renvoyer la lettre
« de M. de Saint-Pée, lieutenant de Roy à
« Dax, qui accompagnoit la votre du 23 avril
« dernier. M. de Saint-Pée se plaint que,
« contre l'usage qui s'est toujours pratiqué
« dans les processions où il asiste avec le
« presidial de la ditte ville, le lieutenant ge-

« neral s'est fait preceder par un huissier,
« pendant que luy comme lieutenant de Roy
« tenant la place de gouverneur n'en avoit
« point.

« Je trouve, Mʳ par les eclaircissemens
« que j'ay pris à ce sujet qu'il y a eu ma-
« lentendu, ou peut-être une affectation déter-
« minée de la part du lieutenant general du
« presidial, dans les dernieres processions
« qui ont été faites ; il a toujours été d'usage
« en pareilles ceremonies que les officiers du
« presidial ont partagé leur marche en deux
« colonnes ; que le lieutenant de Roy a tou-
« jours marché à la tête de la colonne à
« droitte precedé d'un huissier, et le lieute-
« nant general à la teste de la colonne à
« gauche precedé aussi d'un huissier ; dans
« les dernieres processions ne s'y etant trouvé
« qu'un huissier, le lieutenant general du
« presidial l'a fait marcher devant luy, et
« Mʳ le lieutenant de Roy n'en a point eu.

« L'usage estant constant que le lieutenant
« de Roy marchant avec le presidial doit être
« precedé d'un huissier, il me paroit, Mʳ qu'il
« est aisé de decider la difficulté qui se pre-
« sente, en ordonnant qu'à l'avenir toutes
« les fois que le lieutenant de Roy marchera
« à la teste d'une des colonnes du presidial
« il sera precedé par un huissier de ce siege ;

« que le lieutenant general du presidial qui
« marchera à la teste de la seconde colonne
« sera pareillement precedé d'un huissier, et
« que dans le cas qu'il ne se s'y trouveroit
« qu'un seul huissier il sera tenu de prece-
« der le lieutenant de Roy par preference.
« En prenant ce party, j'oserois bien assurer
« qu'il y aura toujours deux huisiers, et
« qu'à cet egard il ne vous reviendra plus
« aucune plainte. Je suis etc »

Un conflit s'éleva aussi entre les jurats
de Mont-de-Marsan et le lieutenant de police
de cette ville sur le droit de taxer le pain.
M. Trudaine donnait raison au dernier.
L'affaire fut portée devant le Conseil et
instruite au rapport de M. Méliard. Nous
n'en connaissons pas la suite.

Le marquis de Poyanne, gouverneur de
Dax, réclamait le droit exclusif de chasse
dans la paroisse de Saint-Paul. Les con-
clusions de l'intendant lui donnent raison
au fond tout en déniant qu'il possède ce
droit en qualité de gouverneur.

« Je ne vois donc point, Mʳ que le droit
« dont Mʳ de Poyanne réclame la jouissance

« ait aucun fondement. La ville de Dax n'a
« pas sans doute été regardée comme une
« place de l'espece de celles où l'état-major
« et les officiers de la garnison ont des lieux
« reservés pour les plaisirs de la chasse, et
« l'experience le prouve suffisament. Il y a
« d'ailleurs dans cette parroisse sept differens
« seigneurs de fiefs, tous gentilshommes et
« vivant noblement, qui auroient droit de
« s'opposer à l'exclusion que Mr de Poyanne
« voudroit leur donner par ces défenses.

« Mais comme il est certain dans le fond
« que cette terre dont le Roy a la seigneurie
« est degradée par la liberté que l'artisan de
« Dax se donne d'y aller chasser se croyant
« autorisé par l'usage, il seroit bien de pren-
« dre des mesures pour l'empecher. Par ce
« moyen Mr de Poyanne pourroit jouir tran-
« quillement du plaisir de la chasse dans cette
« parroisse de Saint-Paul sans crainte d'y etre
« troublé, dès qu'il ne voudroit point en
« user comme d'un droit de sa place. »

Le sieur Hissalde, de Bayonne, ancien
échevin, attaquait l'administration du sieur
Rol Montpellier, maire de cette ville. M. de
Sérilly estime que ces plaintes sont dictées
plutôt par une animosité particulière que

par l'amour du bien public. D'ailleurs,
un nouveau maire avait été élu.

Les syndics des familles juives du bourg
Saint-Esprit se plaignaient des entreprises
que Jacob Lévy, l'un d'eux, faisait sur
leur communauté. M. de Sérilly termine
ainsi son rapport sur cette affaire :

« Levy, au reste, passe pour homme droit,
« charitable pour les pauvres et ayant l'esprit
« de justice; mais il est vif à outrance, me-
« prisant sa nation et pretendant la gouver-
« ner despotiquement : c'est un grand crime
« auprès de ses camarades ; mais le service
« du Roy ne me paroit nullement interessé
« dans toutes ces discussions. »

Une dépêche se rapporte à des dissen-
sions survenues dans la ville de Montréjeau,
où il s'était formé deux cabales fort exaltées
à propos du droit de taverne, dont nous
avons précédemment parlé. Le duc d'Antin
se plaignait du sieur Dufaur, consul, contre
lequel le juge, le frère et le beau-frère
du juge, des cabaretiers et quelques autres
avaient signé une déclaration. Il est aussi
question de cette affaire dans la corres-

pondance avec M. de la Houssaye. L'intendant demande que le Conseil lui ren-
voie toutes les affaires relatives à la communauté de Montréjeau.

Un long rapport du 26 novembre est
relatif à des différends entre les villes
d'Aire et du Mas séparées seulement par
l'Adour.

« La communauté d'Aire, dit M. de Sérilly,
« est composée de deux villes contiguës, celle
« d'Aire et celle du Mas qui ne font qu'un
« corps de ville pour l'imposition et l'admi-
« nistration de leurs affaires ; il y a jalousie
« entre les habitans de ces deux villes ; la
« ville du Mas ne voudroit pas de supériorité,
« celle d'Aire ne peut se prêter à l'idée d'é-
« galité.

« Le corps de ville est composé de vingt-
« quatre conseillers y compris quatre jurats ;
« douze de ces conseillers doivent estre choisis
« parmy les habitans d'Aire, et douze entre
« les habitants de la ville du Mas. Les vingt
« quatre conseillers de ville sont dans l'usage
« depuis plusieurs années de choisir parmy
« eux les sindics de la communauté, les
« cotisateurs, les auditeurs de comptes, sans
« assembler la communauté ; ils nomment

« aussy les tresoriers, et sont dans l'habi-
« tude, lorsqu'il vaque des places de con-
« seillers de villes de les laisser vacantes ou
« de les remplir à leur gré, sans l'avis de
« la communauté, en affectant lorsqu'ils y
« nomment de nommer les habitans de la
« ville d'Aire. »

Suit un examen minutieux des sujets de
querelle entre les deux villes.

Le sieur Jean Galin, notaire en la ville
de Massat, diocèse de Conserans, se plai-
gnit de ce que le sieur Jean Galy Chipan,
habitant du même lieu, pourvu depuis le
mois de mai 1740 d'un office de notaire
royal en la paroisse d'Oost, chef-lieu du
comté de Conserans, prétendait exercer ses
fonctions dans tous les lieux du diocèse.
M. de Sérilly estimait que cet office n'avait
été créé que pour l'étendue du comté comprenant six ou sept paroisses ; c'est la décision que donna le chancelier dans une lettre
du 29 novembre.

Comme les autres ministres, le chancelier s'occupait des affaires privées des
fonctionnaires de son département, particu-

lièrement de leurs dettes quand il recevait les plaintes de leurs créanciers. C'est ainsi que l'intendant s'attache à faire payer par le sieur d'Hurty, assesseur au sénéchal de Bayonne, ce qu'il doit au nommé Serreau, boulanger au bourg Saint-Esprit. Il s'attache aussi à faire donner satisfaction aux religieuses de Sainte-Claire de Bayonne encore par un sieur d'Iburty, peut-être le précédent, lieutenant particulier à la sénéchaussée de cette ville. Mais il déclare après mûr examen que le nommé Molière, vitrier, réclame à tort le payement d'une note considérable au sieur Picot, secrétaire du roi, demeurant à Bayonne.

L'action du ministre de la guerre sur les militaires s'étendait de même à leurs affaires privées. Un grand nombre de dépêches sont relatives à des faits de ce genre. Tantôt ce sont des arrérages de rente dus par une ville (1) ou des arriérés de pension dus par un aîné à un officier. Tantôt ce sont des

(1) Il s'agit de Bayonne. Nous voyons dans un rapport du 20 décembre combien la situation financière de cette ville était mauvaise : elle devait près de

soldats qui demandent à leur frère aîné, domicilié dans la Généralité, le payement de leur légitime. Quelquefois il s'agit de dettes de ci-devant officiers envers des officiers. Ici, l'intendant est chargé par le ministre de faire un règlement d'intérêts entre un officier et son frère aîné. Là, l'intendant rend une ordonnance pour faire suspendre des poursuites exercées contre trois frères officiers pour droit de franc-fief, afin de leur permettre de recouvrer leurs titres de noblesse qu'ils prétendent être entre les mains de leur frère aîné. Ailleurs, il fait rendre un billet à un officier après acquittement. Enfin, nous le voyons estimer qu'il n'y a pas lieu de s'occuper d'une affaire survenue à Dax entre le sieur Galin, procureur du roi de la prévôté, et le sieur Lefebre, receveur des tailles, pour laquelle les parties sont en justice réglée, et que M. de Saint-Pée, sans doute le subdélégué,

huit cent mille livres de capitaux ainsi que des arrérages de rentes considérables, et ses dépenses ordinaires dépassaient ses revenus.

est intervenu suffisamment en leur défendant les voies de fait.

Séquestrations.

C'est dans les limites de l'ordre public qu'on voit l'intendant se mêler aux affaires des familles et exercer à cet égard des attributions de police fort étendues.

Le pouvoir royal, étant sans limites, n'avait pas seulement le droit d'intervenir dans les affaires privées, il en avait encore le devoir, puisqu'il était le gardien de tous les intérêts, le tuteur suprême de tous les sujets du royaume.

Plusieurs dépêches sont relatives à cette sorte d'attribution.

Dans l'une, nous lisons que le baron d'Assac avait demandé l'envoi de son fils cadet au séminaire d'Aire, mais qu'il y renonça parce que ce jeune homme avait changé de conduite depuis plusieurs mois et était entré volontairement au séminaire d'Auch.

Une autre rapporte que l'aïeul et les parents les plus proches de Pierre de Plon, fils d'un négociant d'Oloron, demandent un ordre du roi pour le faire renfermer au château de Lourdes. Ce garnement, mis en prison pour vol au préjudice de son aïeul, avait été rendu quelque temps après à la liberté en promettant de restituer et de se bien conduire. M. de Sérilly expose qu'il mène au contraire une existence scandaleuse, se livre à la débauche et ne fréquente que des artisans libertins, avec lesquels il se plonge dans la crapule, qu'il est d'ailleurs d'un caractère violent et qu'il y a lieu de l'enfermer au château de Lourdes aux frais de sa famille.

Le 3 mai, M. de Sérilly demande que le jeune d'Etchegaray, dont les déportements sont connus de tout le pays de Labour, soit enfermé dans la citadelle de Saint-Martin de Ré, conformément à la sollicitation de sa famille, qui se charge des frais de conduite et d'entretien. Il reçoit des ordres à cet effet le 4 juin et les ... 31 au sieur d'Aragory, l'un des parents du jeune homme, chargé par les autres d'en solliciter l'expédition.

Mais notre intendant agissait avec sagesse en ces sortes d'affaires ; il n'entendait protéger par les incarcérations que l'ordre public, la morale et aussi la dignité de la noblesse, qui était alors d'ordre public, et nullement satisfaire aux caprices des particuliers. C'est ainsi qu'il propose de rejeter la demande d'un béarnais qui voulait faire enfermer sa fille pour l'empêcher de contracter un mariage que le père considérait comme déshonorant. Cet individu avait déjà fait informer du crime de rapt, mais le parlement de Pau avait mis les parties hors de cour.

Dans un autre rapport assez curieux à lire, il conclut à ce qu'on ne prenne point en considération un placet par lequel le maire et la famille de la demoiselle de La Gardère, fille d'un ancien juge d'Auribat, dîme l'Albret, demandent que cette jeune fille soit enfermée dans un couvent de Dax pour qu'elle ne puisse faire un mariage considéré comme au-dessous de sa position (n° 18 v°).

Un rapport du 18 août nous apprend que
le prix ordinaire de la pension au couvent
de Mirande était de 120 livres. Mais M. de
Sérilly essaya en vain de faire réduire celle
de 250 livres que la supérieure de ce couvent
exigeait pour la dame d'Aulienne, femme
d'un lieutenant au régiment de Saint-Aignan
renfermée par ordre du roi. La supérieure
prétendait que cette dame avait besoin de
double portion et qu'on lui fournissait
d'ailleurs le linge de table et de chambre
et autres objets nécessaires.

Nous voyons aussi M. de Sérilly solliciter
la mise en liberté du baron d'Apremont,
de Sainte-Marie, âgé de plus de soixante
ans, détenu à Orthez. Ce gentilhomme avait
été envoyé en 1738 au château de Lourdes
pour ses débauches avec une fille de Sainte-
Marie et ses mauvais traitements envers sa
femme. Le père de sa concubine avait été
renfermé à l'hôpital d'Auch.

Le 8 septembre, l'intendant demande
un ordre du roi contre le sieur Salaré,
« fléau de la vallée de Barèges pour son
esprit remuant et litigieux » afin de lui

défendre d'habiter dans un rayon de dix
lieues de cette vallée et du Bigorre. Cet
individu était « grièvement soupçonné,
pour ne pas dire convaincu » d'intelligences
avec les espagnols. Voici comment M. de
Sérilly le dépeint :

« Le s' Salaré a de l'esprit et quelques
« talens pour le barreau ; mais c'est un esprit
« dangereux, qui n'en fait usage que pour
« se conduire au rebours de tous les autres
« hommes ; c'est un garçon qui n'a rien,
« qui se livre à toutes ses idées et à tous les
« objets qui peuvent lui procurer de l'argent. »

Clergé.

En vertu des funestes principes de 1682,
l'État s'immisçait parfois d'autorité propre
dans la discipline du clergé, sur lequel il
prétendait avoir une action légitime.

Les ecclésiastiques n'étaient pas à l'abri
des incarcérations ; nous voyons un prêtre
de Dax envoyé au séminaire d'Aire, un
autre détenu à celui d'Auch. Le premier

se soumit d'abord aux ordres du roi, mais, comme il était indisposé, l'évêque trouva bon qu'il différât son voyage de huit jours. Ce prêtre s'adressa au cardinal de Fleury, et ce fut le sujet de la seule dépêche de l'intendant au premier ministre contenue dans le recueil :

« A Pau le 23 juillet 1740

« Monseigneur

« J'ay l'honneur de renvoyer à votre Emi-
« nence la lettre cy-jointe du sieur Dailhan,
« prestre du diocèze de Dax qui a été relegué
« par ordre du Roy au seminaire d'Aire.
« Ce qui expoze du mauvais état de sa santé
« et de sa faible complexion est exactement
« vray; mais la conduite qu'il a tenue avec
« son évêque luy ayant merité le traitement
« qui luy a été fait, je ne vois pas qu'il y ait
« lieu quant à present d'écouter ses represen-
« tations, ou de luy prometre de retourner à
« Dax qu'il n'aist donné des marques d'une
« soumission telle qu'il doit aux decisions de
« l'église. A l'égard, Mgr, de son indigence,
« on m'assure qu'elle n'a rien de réel et que
« d'ailleurs, Mr l'évêque de Dax luy a offert
« tous les secours dont il peut avoir besoin

« pour sa subsistance, et pour se faire soi-
« gner dans ses infirmités.

« Je suis etc. »

Le second ecclésiastique, curé ou vicaire
perpétuel de Saint-Pé, détenu au séminaire
d'Auch, avait à peine de quoi vivre; il
ne recevait que deux cent cinquante livres
du chapitre de Sos, le reste du produit
de son bénéfice étant retenu pour les dé-
cimes. Comme il devait en outre payer
un desservant, M. de Sérilly proposa
d'obliger le clergé du diocèse à lui venir
en aide.

Des plaintes aussi graves que mal fondées
avaient été portées contre le sieur de Saint-
Antonin, vicaire desservant de l'église de
Bijou, qui résidait à Masseube comme
précepteur des enfants de la veuve de
Nassans, paralytique. On demandait que
cet ecclésiastique fut éloigné; mais M. de
Sérilly, peu suspect de partialité, démasqua
la calomnie et s'opposa à l'injustice.

Trois lettres sont relatives à un dissen-
timent entre l'évêque de Lectoure et son

9

chapitre. Voici comment M. de Sérilly, raconte cette affaire dans la seconde lettre :

« M' l'eveque de Lectoure expose dans son
« memoire cy joint, que suivant un ancien
« concordat renouvelé à chaque entrée d'eveque,
« le chapitre est obligé 1° d'envoyer deux
« chanoines dans le palais episcopal pour ac-
« compagner l'eveque lorsqu'il doit assister
« à l'office au chœur, et ensuite le reconduire
« au meme palais; 2° de nommer trois chanoines
« lorsque l'eveque va officier pontificalement
« dans quelque eglise de la ville pour l'y
« accompagner.

« Ce prelat se plaint que le chapitre a
« pris une deliberation au mois de février
« 1739 qui luy a été signifiée, par laquelle
« il est enjoint aux deux chanoines députés
« de se retirer s'ils ne le trouvent pas prest
« à partir pour l'office, lorsqu'ils se presen-
« teront chez luy. La deliberation porte aussy
« que ce chapitre ne deputera pas des cha-
« noines dans le second cas, que pour ac-
« compagner M' l'eveque lorsqu'il devra offi-
« cier et non lorsqu'il ira aux eglises pour y
« assister à la predication ou aux offices.

« Le chapitre de Lectoure ne conteste point
« l'usage où il est depuis environ cinquante
« ans, d'envoyer deux chanoines vers M'

« l'eveque pour le prendre et le conduire à
« son siege lorsqu'il veut assister aux offices
« du chœur; mais il ne convient point qu'il
« y soit obligé par aucun titre, comme M'
« l'eveque le pretend.

« Cet usage suivant la commune opinion
« prend son époque du temps que le palais
« episcopal, fut construit par M' de Bar.
« L'eveque quand il veut assister aux offices fait
« parer d'un tapis son siege dans le chœur,
« et envoit quelqu'un pour en avertir les cha-
« noines. On en depute deux sur le champ
« qui vont au palais episcopal par la petite
« porte qui donne dans l'eglise et jusque
« dans la chambre de l'eveque d'où ils le
« conduisent à l'eglise; c'est ainsy qu'on l'a
« pratiqué avec les successeurs de M' de Bar,
« même avec M' de Beaufort actuellement en
« place. »

L'intendant conclut sagement ainsi :

« Vous voyes, M' par tout le detail que j'ay
« l'honneur de vous faire, que cette affaire
« est de nature à se terminer par voye de
« conciliation. Si M' l'eveque se sent blessé de
« la signification de la deliberation, on pour-
« roit obliger le chapitre à luy donner des
« assurances même par ecrit, qu'il n'a point

« entendû luy deplaire en manquant à ce qui
« luy est dû. M' l'eveque traitant ses chanoines
« avec bonté et oubliant le passé les rame-
« neroit au point de ne pas compter avec
« luy. La bonne intelligence seroit retablie
« et la subordination subsisteroit, ce qui
« vaudroit mieux à cet egard, à ce que j'estime,
« qu'un ordre qui quelque juste qu'il soit
« laisse toujours un levain de ressentiment
« contre celuy qui l'a obtenû. »

Il est question dans un rapport d'une
religieuse du couvent de Mirande, la sœur
d'Hugues, qui, étant allé chez elle et aux
eaux de Bagnères, pour guérir d'une faiblesse
de vue héréditaire, resta absente environ
trois ans, malgré les sommations qu'elle
reçut, et entra au couvent de Castelnau de Magnoac, où son frère promit
de payer cent écus de pension. Les religieuses de Mirande firent contre celui-ci,
pour le paiement de la dot de sa sœur,
montant à 6,000 francs, un procès qui finit
après vingt ans par un accommodement.
Alors, la sœur d'Hugues demanda les intérêts de sa dot. M. de Sérilly est d'avis

qu'elle revienne à Mirande, parce qu'elle ne guérira pas davantage à Castelnau.

Religionnaires.

Une lettre au chancelier est relative aux religionnaires. Il s'agissait d'unions sans bénédiction nuptiale, qualifiées de concubinage. M. de Sérilly expose que cela n'a lieu que dans le village d'Osse, situé dans la vallée d'Aspe, au milieu des Pyrénées, dans le diocèse d'Oloron.

Marie Verdos, fille d'un cabaretier de Mauvezin, nouvelle convertie sincère, retirée dans le couvent des ursulines à Auch, demandait une pension. L'intendant propose à M. Amelot de lui en accorder une de cent livres.

Trois rapports à M. de Saint-Florentin concernent aussi les protestants. Il n'y est question ni de sang ni de torture, mais de la séquestration de quelque prédicant ou de l'envoi de jeunes filles d'Orthez dans un couvent, la plupart à l'amiable, pour y être instruites. M. de Sérilly montre du reste dans ces affaires une extrême modération.

Justice.

On serait porté à croire que le ministre de la justice s'adressait plutôt aux premiers présidents et aux procureurs généraux des parlements qu'aux intendants des provinces. Néanmoins la correspondance de M. de Sérilly avec le chancelier a trait à un assez grand nombre d'affaires.

La justice n'était pas soumise à des règles bien précises. Les juridictions étaient nombreuses et leur compétence était peu définie. L'organisation et la composition des tribunaux laissaient souvent beaucoup à désirer. M. de Sérilly paraît s'émouvoir des abus de ce genre. Voici une lettre de lui sur la procédure criminelle en Navarre :

« A Auch le 12 aoust 1740
« Monseigneur
« Je me rendis dans le cours du mois passé
« aux Etats de Navarre. Comme je n'en con-
« noissois pas les loix et les privileges, je

« cherchay à m'en instruire ; je m'adressay à
« un avocat de Saint Jean Pied de Port qui
« m'a envoyé un memoire assès détaillé.

« J'ay crû, Mgr, devoir vous rendre compte
« de la partie de ce memoire qui concerne la
« poursuitte des crimes. On en confie le soin
« pour la plus grande partie du pays aux
« quatre jurats de Saint Jean Pied de Port,
« tous quatre artisans ; ils ont la juridiction
« criminelle dans la ville de Saint-Jean, dans
« le pays de Cize composé de vingt quatre
« parroisses ; dans la vallée de Baigorry com-
« posée de cinq parroisses ; dans la vallée
« d'Ossès composée de trois clochers et dans
« les parroisses d'Orissarry, Iholdy et Dar-
« mendarits. Ces jurats de Saint-Jean n'ont
« aucune notion de la procedure ; ils n'ont de
« memoire d'homme commencé aucune ins-
« truction ; leur negligence et leur ignorence,
« joint à la facilité qu'ont les coupables de
« passer en Espagne, cause l'impunité des
« crimes et augmente meme la hardiesse d'en
« commettre. M. le premier presidant du Par-
« lement de Pau sera à portée, Mgr de vous
« donner de plus grands eclaircissemens, et
« de vous proposer les moyeins les plus con-
« venables de remedier à cet abus.

« Je suis etc. »

Mais on ne pouvait toucher à l'état de choses sans soulever de vives oppositions de la part des intéressés, ainsi qu'il arriva pour un projet de réunion de la prévôté royale de Dax au présidial de cette ville. Les officiers de la prévôté étaient au nombre de trois : M. de Sérilly n'en fait pas une peinture très flatteuse :

« Le prevost est un sujet de peu d'esprit
« et qui n'a nulle capacité, le procureur du
« Roy est un homme de très mauvaises mœurs
« et sans aucun merite , le lieutenant de la
« Prevosté a de la bonne volonté sans beau-
« coup de lumiere. »

Néanmoins le prévôt, le sieur Caseau, avait eu assez de finesse pour envoyer aux jurats des communautés qui dépendaient de sa juridiction une circulaire pour les inviter à réunir les habitants et à leur faire prendre contre la réunion de la prévôté au présidial une délibération conforme au modèle qu'il leur expédiait.

C'était souvent à l'intendant que le gouvernement s'adressait pour l'instruction des

affaires contentieuses, sans doute parce
qu'il y avait de l'unité et de la centralisation dans son administration, tandis que
les différents pouvoirs judiciaires étaient
souvent indépendants les uns des autres.

Un long rapport du 15 décembre est
relatif à des actes de violence sur lesquels
le chancelier demande éclaircissement. Il
est vrai qu'il s'agit ici de l'exécution d'ordonnances rendues par les prédécesseurs
de M. de Sérilly sur des matières admi-
nistratives. Il s'agit encore de l'exécution
d'une ordonnance de M. de Saint-Contest,
mais cette fois d'une ordonnance judiciaire,
d'un jugement, dans une affaire fort curieuse
et qui peint bien des abus qu'il faut plutôt
attribuer à l'époque et à la difficulté des
communications qu'à l'administration. Cette
affaire est rapportée dans deux dépêches,
dont nous allons reproduire la première.

« A Auch le 23 novembre 1740

« Monseigneur

« J'ay l'honneur de vous renvoyer le me-
« moire cy joint qui vous a été prese..é par

« M^r l'abbé Palerne. Il n'y expose rien que
« de vray sur la conduite du sieur marquis
« de Giscaro ; elle est telle, Mgr, qu'il y a
« lieu de s'etonner que l'autorité superieure
« n'ait pas deja pris des partis violens contre
« luy.

« Je n'entreray pas dans le detail de l'affaire
« que M^r l'abbé Palerne comme abbé de la
« Caze-Dieu a eue avec Mr de Giscaro ; elle
« a été terminée par un jugement contradic-
« toire rendu par Mr de Saint-Contest juge
« d'attribution en cette partie. Il s'agit de
« l'execution de ce jugement à laquelle le
« sieur abbé Palerne n'a pu parvenir encore
« par les voyes ordinaires de la justice.

« La rebellion dont il se plaint n'est qu'une
« suite d'une precedente qui fut faite à main
« armée au mois de juillet dernier par les
« domestiques du sieur de Giscaro contre les
« sequestres établis à la perception des fruits
« saisis sur luy. Cette premiere rebellion est
« particulierement constatée par une infor-
« mation faite par le sieur Daignan mon sub-
« delegué le 20 dudit mois de juillet sur la
« plainte des sequestres.

« Il resulte, Mgr, de cette information, dont
« je joins icy une copie, que ces sequestres
« s'estant presentés pour faner et enlever le
« foin qui avoit été fauché, quatre domes-

« tiques du sieur de Giscaro parurent armés
« de sabres et de pistolets pour s'y opposer,
« que le nommé Joseph l'un d'eux et le chef
« de la bande fit avec son sabre une ligne
« au travers du chemin où ces sequestres de-
« voient passer en les avertissant que si quel-
« qu'un d'eux la passoit il le tueroit ; qu'un
« autre domestique fit la meme ceremonie
« dans un autre endroit avec le bout de son
« pistolet ; que non obstant ces menaces les
« sequestres ayant voulu continuer leur che-
« min le nommé Joseph avoit alongé un coup
« de sabre sur l'un d'eux dont il auroit été
« tué s'il n'eut eû l'adresse de parer le coup
« avec sa fourche , duquel il fut neanmoins
« blessé à la main, que ce Joseph luy en de-
« chargea un autre sur la teste qui ne porta
« que sur l'aile de son chapeau.

« Ces voyes de fait ayant engagé les se-
« questres de prendre un autre chemin dans
« le dessein toujours de s'emparer du foin
« et estant parvenus jusques dans la prairie,
« ils furent obligés de l'abandonner ayant été
« assaillis par les mêmes domestiques.

« Le procès-verbal d'Allemant huissier, du
« 20 aoust, constate la seconde rebellion. Il
« se transporta au lieu de Labatut accom-
« pagné de trois cavaliers de marechaussée
« et d'un recors pour capturer le nommé

« Labbadie, fermier judiciaire des biens saisis
« sur le s^r de Giscaro faute du payement
« du prix de son bail, mais comme ils estoient
« sur le point de le conduire, ce même Joseph,
« chef des domestiques du s^r de Giscaro sur-
« vint pour s'y opposer ; il fit tant qu'il
« favorisa l'evasion du nommé Labbadie, et
« l'huissier et ses suports s'estimerent fort
« heureux d'avoir echapé à sa fureur et d'une
« troupe de satelites qu'il avoit eù soin
« d'assembler pour faire main basse sur eux
« s'ils eussent fait résistance.

« Ce n'est icy, Mgr, qu'une legere ébauche
« de ce qui se passe depuis longtemps au
« lieu de Labatut où le château du s^r de
« Giscaro est situé. Toutes les fois qu'on a
« voulu proceder à exécution sur ses biens
« il en a eludé les effets en oposant l'autorité
« et la force aux arrets ou sentences des juges.

« Il y a eù en differens tems des sequestres
« etablis sur ses biens par autorité de justice
« qui n'ont jamais pù recueillir aucuns fruits
« et qui ont été ruinés par les poursuites
« des parties saisissantes.

« Le chateau de Labatut est regardé dans
« le païs comme une place forte dans un
« païs ennemy, aucun huissier n'ose plus en
« aprocher, ils y ont été mal traités toutes
« les fois qu'ils s'y sont presentés.

« Il y a dans ce chateau nombre de do-
« mestiques tous gens de sac et de corde
« secondant parfaitement les désirs de leur
« maître. Il s'en sert pour mettre à execution
« avec violence les sentences ou arrets qu'il
« obtient rarement à son avantage , et il
« employe la même autorité à empecher
« l'execution de ceux qui sont fréquemment
« rendus contre luy.

« Le s᷑ de Giscaro est homme nourry dans
« le procès, chicaneur, hardy dans ses en-
« treprises, se mettant en possession par la
« force et sans aucune formalité des choses
« qu'il imagine devoir lui apartenir. C'est par
« une semblable voye qu'il s'estoit aproprié
« une portion de dixme de l'abbaye de la
« Caze-Dieu qui a fait la matière du proces
« d'entre l'abbé Palerne et luy.

« Il seroit trop long, Mgr, de vous parler
« plus particulierement de la vie que le s᷑
« Giscaro a toujours menée et mene encore,
« de la conduite qu'il tient avec ses créan-
« ciers. On peut dire que l'exemple qu'il
« donne dans cette province frontiere est très
« pernicieux, qu'il est contraire à la bonne
« police du Royaume et à la subordination
« qui doit estre dans un Etat monarchique.

« Vos lumieres, Mgr, vous suggereront le
« remede à un pareil desordre. Je n'ay pas

« l'honneur de vous en proposer aucun. Je
« me renferme au seul compte que vous
« m'avés ordonné de vous rendre de ce
« qui a trait à la plainte de M. l'abbé Palerme
« dans laquelle il n'y a rien d'exagéré. Je
« suis, etc. »

Dans une seconde dépêche du 29 décembre, à laquelle M. de Sérilly avait
joint un projet d'arrêt lui attribuant la
connaissance de la rébellion des domestiques du marquis de Giscaro, l'intendant
expose que M. d'Aignan avait qualité pour
informer et statuer sur les questions soule-
vées par les séquestres; il termine ainsi :

« Permettés-moy, Mgr, de vous representer
« que je ne vois point d'aparence que je puisse
« par mon autorité mettre fin aux vexations de
« M. de Giscaro. Je ne suis pas assés aveuglé
« pour imaginer que mes jugements soient
« plus reputés que ne l'ont été en différens
« temps les arrets des Cours supérieures et
« en dernier lieu le jugemens de M. de Saint-
« Contest. La voye de la justice distributive
« ne fait nulle impression sur le s' de Giscaro;
« il trouve dans son imagination et dans le
« secours de ses sattelites des ressources

« toujours nouvelles pour se soustraire à ses
« decrets. Il y a des moyens plus efficaces
« de le mettre à la raison et de rendre le
« lieu de Labatut et le chateau du s' de
« Giscaro accessibles aux supots de la justice.
« Ces moyens, Mgr, vous les connoissés mieux
« que moy. C'est à vous à juger s'il convient
« de les mettre en usage, et à moy de me
« conformer à ce qu'il vous plaira de m'or-
« donner. »

La justice, attribut essentiel de la sou-
veraineté, appartenait au roi ; les tribunaux l'exerçaient par délégation. Le roi
pouvait toujours la retenir. Son Conseil
d'État, déjà tribunal de cassation pour la
justice déléguée, le représentait encore pour
la justice retenue. Le Conseil pouvait évoquer les affaires et les juger lui-même ou
les renvoyer au jugement d'un magistrat,
qui était le plus souvent l'intendant assisté
de gradués en droit. C'est ainsi que M. de
Sérilly fut chargé de procéder, à la place
de M. de Saint-Contest, son prédécesseur,
au jugement définitif de plusieurs commis
des fermes accusés par le fermier général

d'avoir favorisé le passage en fraude d'une certaine quantité de tabac dans la nuit du 11 novembre 1738. Deux des accusés étaient décédés dans les prisons, les autres furent mis hors de cour, dépens compensés.

M. de Sérilly avait foi en sa propre justice ; nous le voyons demander au chancelier d'évoquer une affaire d'injures et sévices survenue entre le sieur Mariol, lieutenant principal dans la sénéchaussée et présidial d'Auch, et le sieur Filhol, ancien officier d'infanterie, et de la lui renvoyer pour en connaître en dernier ressort avec l'assistance du nombre des gradués prescrit par l'ordonnance. Il est vrai que ce n'est que dans un but de conciliation, dont une lettre du 18 août, postérieure de dix jours à la première, démontre la sincérité en déclarant que, les parties s'étant arrangées, l'affaire est terminée. Ces jugements remis à l'intendant s'appelaient à *l'extraordinaire*. Un rapport du 10 novembre nous en donne un exemple assez curieux, car il s'agit d'un assassin de profession qui est frère d'un notaire et possède 20,000 livres de bien.

En dehors des affaires criminelles, nous voyons renvoyé au jugement de l'intendant un procès séculaire entre la ville de Bayonne et la paroisse d'Anglet sur les limites de terres appelées les Sables du Nord appartenant aux habitants de cette paroisse.

On pourrait peut-être formuler en règle générale que les affaires susceptibles d'être renvoyées à l'intendant étaient celles qui touchaient aux finances, celles qui intéressaient l'ordre public, soit par leur nature, soit par la qualité des parties, et celles qui concernaient les communautés et associations.

Au reste, ce n'était pas seulement à l'intendant que les affaires criminelles étaient renvoyées : un arrêt du Conseil commit le prévôt général de la maréchaussée et le sénéchal de Tarbes pour faire le procès à divers particuliers de la vallée de Bagnères accusés de différents crimes. Mais la ma-

réchaussée manqua de modération. En
effet, après la décharge des accusés, la
vallée ayant été condamnée aux dépens,
les officiers de la maréchaussée dressèrent
un rôle pour être remboursés de leurs
avances et payés de leurs vacations. Ils
firent ensuite sommation aux consuls de
Lus, comme chefs de la vallée de Barèges,
d'en payer le montant, et, sur leur refus,
établirent dans ce lieu une brigade en
garnison. M. de Sérilly fit lever la garnison et attendit que les officiers s'adres-
sassent à lui pour régler leur mémoire.

Le droit de grâce étant un attribut du
pouvoir exécutif, distinct du pouvoir judiciaire et même contraire à la nature de
ce pouvoir, il est naturel que l'intendant
soit appelé à donner son avis sur les mesures
de clémence. Sur un placet en élargisse-
ment, M. de Sérilly conclut à ce qu'on
n'y donne pas suite jusqu'à la fin de l'instruction. Sur le placet d'un meurtrier non
encore jugé qui demande des lettres de
grâce, il conclut défavorablement dans un
rapport nettement motivé.

M. de Sérilly était sévère à l'occasion.
Il conclut contre un homme soupçonné
d'inceste à ce qu'il soit donné des ordres
au procureur général du parlement de
Toulouse, pour poursuivre la procédure
commencée par les officiers du sénéchal
de Nébouzan. Or, l'inceste était puni de
mort.

Quatre dépêches sont relatives à une
procédure faite au parlement de Pau, pour
contravention au mesurage des sels dans
l'entrepôt d'Orthez « dirigée indistincte-
ment sous le nom générique des marchands de sel des différents endroits de la
province qui en font commerce. » Quoique
les choses eussent été laissées en l'état,
le fisc voulait répéter ses frais.

Un procès fut fait au même parlement
contre un particulier qui avait fabriqué
de faux exécutoires de frais de justice et
un commis du directeur des domaines de
Pau qui s'en était chargé. C'est surtout
en Gascogne qu'il y a des gascons :

« Les sages précautions, dit notre intendant

« à M. Trudaine, que vous avés prises pour
« donner à cet objet une forme qui n'y estoit
« pas cy devant pouvoit ce semble donner
« de la securité sur toute fraude, mais ce
« preservatif n'a pù prevaloir sur la dexterité
« d'un de nos gascons qui a fait preuve de
« ses talens depuis six mois. »

Chacun pouvait se porter accusateur d'un
crime, à charge de signer sa dénonciation.
Le nommé François Mageste, de Luc, en
Béarn, ayant accusé à tort le nommé André
Mirande et Jeanne de Pehou, femme de
celui-ci, fut condamné par jugement pré-
vôtal aux dépens du procès et à 500 livres
de dommages. Il demanda à être reçu
appelant ; M. de Sérilly conclut à ce que
le jugement soit maintenu, parce que le
mal jugé n'est pas un moyen de cassation,
mais, comme la calomnie n'est point prou-
vée, il demande au contrôleur général de
l'autoriser à empêcher l'effet de la condam-
nation aux dommages et intérêts en obte-
nant une renonciation de Mirande.

Voici deux fragments de ce rapport qui

donnent quelque idée de la procédure du temps :

« Il y a des principes en matiere criminelle
« dont il n'est jamais permis de s'ecarter.
« Je les reduis à trois 1° de condamner
« l'accusé aux peines du droit et de l'ordon-
« nance lorsqu'il est convaincu ; 2° de le
« renvoyer absous avec domages et interets
« contre le denonciateur lorsque la calomnie
« est evidente et qu'il n'y a aucune preuve ;
« 3° dans les cas où il y a quelque preuve
« ou des presomptions qui forment quelque
« soupçon, mettre l'accusé hors de cour, et
« le condamner cependant aux depens ou
« sans depens selon que la preuve et les
« presomptions sont plus ou moins fortes.

« Il est de l'ordre judiciaire, qu'apres le juge-
« ment d'absolution il faut que le prevenu
« interpelle le procureur général ou son substitut
« devant le meme tribunal pour ses domages
« et interets , en vertu du jugement d'absolu-
« tion. Cette regle n'a point été observée
« dans le cas present ; et l'opposition de ce
« denonciateur paroistroit bien fondée si elle
« pouvoit estre admise sans donner lieu à une
« procedure très embarrassante. »

Maréchaussée.

Pour l'exécution de ses jugements et de ses mesures de police, l'intendant avait à sa disposition le corps de la maréchaussée, qui était sous l'ancien régime à peu près ce qu'est aujourd'hui la gendarmerie à cheval. Un prévôt général commandait en chef les différentes brigades disséminées dans la province (1).

Nous trouvons plusieurs dépêches relatives aux états de frais de la maréchaussée, que l'intendant transmettait avec son avis ; le remboursement était fait par l'Etat si les prisonniers étaient insolvables. M. Orri refusait assez facilement le remboursement, qu'il considérait d'ailleurs comme « grâce et gratiffication » ; il se fonde une fois, entre autres raisons, sur ce que les courses n'ont pas été suivies de captures.

(1) La compagnie du Béarn, commandée par le prévôt général en résidence à Pau, comprenait 3 lieutenants à Pau, Auch et Mont-de-Marsan, 3 exempts, 5 brigadiers, 10 sous-brigadiers, 72 cavaliers et un trompette.

La maréchaussée courait souvent les dangers. Nous l'avons vu pour la rebellion du marquis de Giscaro (1).

Dans un rapport du 4 juin à M. Amelot, l'intendant raconte le siège que firent pendant la nuit les deux brigades de Bayonne et de Saint-Jean-Pied-de-Port d'une maison de Léon en Marensin où s'était réfugié le nommé Jean du Luc du Puy, évadé des prisons de Pau, auquel M. de Sérilly était chargé de faire son procès.

Mais la maréchaussée n'apportait pas toujours de la modération dans ses expéditions; un long rapport du 11 décembre rend compte à M. Trudaine d'excès commis par deux cavaliers à Vielle en Bigorre.

Le sieur Dupont, engagiste du domaine de Vielle, exerçait sur les habitants de telles vexations que ceux-ci avaient obtenu du Conseil l'autorisation « d'acquérir le domaine par voye de revente sous un albergue et de rembourser au sieur Dupont sa finance en pure perte. » Mais le sieur Dupont alla à

---

(1) Page 137.

Paris, y intrigua et obtint le 17 octobre
1730 un nouvel arrêt, qui le maintenait
« par grace et sans tirer à conséquence, en
la possession et jouissance de la justice et
domaine de Vielle pour en jouir tant et si
longtemps qu'il plaira à S. M. » Depuis lors,
il continuait ses procès et ses vexations
contre les vassaux. Le 11 septembre 1740,
ayant sans doute un jugement à faire exécuter, il recourut à la maréchaussée, qui
n'avait rien à voir dans cette affaire. Voici
comment M de Sérilly narre cette journée :

    « La scene arrivée au mois de septembre a
« été des plus vives ; le sieur Dupont envoya
« un bayle ou sergent avec un recor et deux ca-
« valiers de marechaussée dans la paroisse de
« Vielle avec ordre d'enlever les bestiaux qu'ils
« trouveroient dans la campagne.

    « Cet ordre fut executé, les cavaliers mirent
« le sabre à la main, coururent sur les troupeaux
« et les chassoient devant eux malgré les pas-
« teurs qui les gardoient, ils excederent chemin
« faisant une femme qui accourut aux cris des
« pasteurs, ils luy donnerent plusieurs coups
« de sabre, et on fut obligé de la porter chez
« elle toute ensanglantée.

« Un particulier du lieu nommé Bonnabent
« s'estant aproché pour degager cette femme,
« les cavaliers luy donnerent plusieurs bour-
« rades avec leurs fusils, ils luy lierent les
« mains derriere le dos, luy donnerent quelque
« coup de sabre sur le visage, il en fut tout
« ensanglanté, et l'attacherent à la queue d'un
« de leurs chevaux.

« Un consul qui se trouva à portée estant
« aussy accouru fut aussy egalement maltraité
« et trainé dans la rue pendant quelque tems.

« Après cette expedition, ces cavaliers, le
« baïle et le sieur Dupont qui estoit resté dans
« le village se retirèrent. »

L'intendant propose de procéder à la
revente de la terre de Vielle pour arracher
les habitants à la domination de Dupont et
il ajoute :

« Mais en même tems que vous ferés rendre
« l'arrest pour la revente, ne trouveriés vous
« pas à propos, M' d'y faire mention de l'ac-
« tion arrivée le 11 septembre dernier et de
« me commettre pour instruire le procés aux
« coupables et les juger en dernier ressort avec
« des gradués ? Ce n'est pas que j'aye dessein
« de suivre cette affaire jusqu'à jugement dé-
« finitif, mais il faut faire beaucoup de bruit;

« j'auray soin sans faire aucuns fraix de pro-
« cedure de punir les deux cavaliers de ma-
« rechaussée qui ont prêté leur ministere au
« sieur Dupont et qui en ont abusé. »

Il y a aussi un rapport au ministre de
la guerre sur les méfaits de la maréchaussée.
M. de Sérilly se plaint des excès commis
par deux cavaliers de cette arme de ta résidence de Pau. Un cabaretier du village de
Thil, chez lequel ils venaient de dîner, leur
proposa d'arrêter un cultivateur qu'il accusait
de lui avoir volé six fers de herse. Guidés
par leur hôte, ils s'emparent de cet individu
qui travaillait dans une vigne, l'enchaînent
et se disposent à l'amener. Le propriétaire
de la vigne survient, prend la bride d'un
des chevaux et reçoit un coup de sabre ;
un attroupement se forme dans lequel sont
le curé et le vicaire qui protestent de l'hono-
rabilité du prisonnier. Les cavaliers finirent
alors par le relâcher ; il alla porter plainte
avec le blessé au lieutenant criminel de
Dax. Sur le renvoi du ministre, M. de
Sérilly propose de ne pas donner à l'affaire
de suite criminelle, mais de punir le prin-

cipal auteur de quelques jours de prison,
en surveillant attentivement sa conduite
future, et de faire payer les frais de panse-
ment du blessé à l'imprudent cabaretier.

Ces messieurs de la maréchaussée tenaient
fort à garder leur proie ; le sieur de La
Camoire, prévôt général, se plaignait de
ce que les prisons de Saint-Sever n'étaient
pas « absolument bien sûres. »

TROISIÈME PARTIE

ARMÉE

Recrutement.

Le principe du service personnel, sauf exemption des privilégiés, était reconnu sous l'ancien régime. L'armée régulière ne se composait, il est vrai, que de volontaires, mais les milices, qui s'exerçaient à la belle saison et pouvaient être appelées à l'activité, étaient levées dans le pays par la voie du tirage au sort. La plupart des gentilshommes, dispensés de la milice, formaient les cadres de l'armée et de cette milice. On n'employait ainsi que des volontaires pour la guerre offensive, mais le peuple était exercé au cas échéant pour la guerre défensive.

Pour l'armée, les engagements se faisaient par des recruteurs qui parcouraient les campagnes et usaient de tous les moyens de persuasion ; trop souvent même ils avaient recours à l'ivrognerie pour entraîner une signature inconsciente.

Deux dépêches sont relatives aux engagements ; elles montrent combien M. de Sérilly veillait à ce que ses administrés ne devinsent point les victimes des embaucheurs.

La première a trait à l'engagement d'un laboureur. L'intendant en propose l'annulation parce qu'il n'est signé que d'une croix, que les témoins le déclarent fait sans réflexion, qu'il n'y a point eu d'argent ni de gage de la part du recruteur, pas de parole positive de la part de l'engagé, que la date de la pièce est postérieure au moment de l'engagement présumé et que la position de

l'intéressé, placé à la tête d'une ferme, ne
laisse point présumer qu'il ait voulu la
quitter. M. de Sérilly termine ainsi son
rapport :

« Si l'on toleroit de pareilles surprises, les
« fermes se trouveroient souvent abandonnées ;
« on a grand besoin de ceux qui les regissent,
« et je ne vois point d'espece de gens à la
« campagne qui meritent plus de protection que
« ceux qui s'adonnent au labourage et qui ont
« le talent d'y réussir. »

L'autre dépêche est assez intéressante
pour que nous en reproduisions le texte
complet :

            « A Auch le 26 décembre 1740
       « Monsieur
    « J'ay l'honneur de vous renvoyer la lettre
« cy jointe de Mr de Malauze, colonel du
« regiment d'Agenois qui accompagnoit la
« votre du 2 de ce mois. Mr de Malauze se
« plaint de ce que son sergent n'a pû emmener
« avec luy le nommé Claude Mical qu'il avoit
« engagé en ayant esté empeché par moy,
« et demande que son soldat luy soit rendu
« et que ce sergent puisse retourner à Auch
« pour y continuer ses recrues. »

« Pour eclaircir la plainte de Mr de Malauze
« tant sur le fait de l'engagement que sur
« ce qu'il m'impute de personnel, je vais,
« M^r entrer dans le detail de ce qui s'est
« passé icy sous mes yeux.

« Au mois de septembre dernier ce ser-
« gent estant à Auch avec quelques hommes
« de recrüe qu'il y avoit fait se trouva un
« jour dans un jeu de billard proche le
« college où Claude Mical, jeune rethoricien,
« estoit avec d'autres ecoliers ses camarades.
« Il avoit esté maltraité le matin par son
« oncle entreposeur du tabac, sur le soupçon
« qu'il avoit pris quelque argent dans son
« comptoir. Il fut averty estant au billard
« qu'on le cherchoit de la part de la police
« pour le conduire en prison, et cela estoit
« vray, son oncle ayant jugé cette correction
« necessaire pour prevenir un plus grand
« desordre. Ce jeune homme intimidé chercha
« à se sauver, et de la façon dont il s'y
« prenoit il seroit immanquablement tombé
« dans l'embuscade si ce sergent ne l'avoit
« officieusement fait tomber dans une autre.
« Il luy offrit son secours pour le garantir
« des poursuites de son oncle et l'emmena
« avec luy et deux soldats de recrüe dans
« un cabaret ; quand ils y furent il ne fut
« question que de se rejouir et de boire ; il

« fut tant bù en effet que quand le sergent
« jugea que la raison du jeune homme estoit
« evanouie, il luy presenta un papier à signer
« sans luy parler le moins du monde d'en-
« gagement. Ce jeune homme savoit si peu
« ce qu'il faisoit qu'il ne signa que la moitié
« de son nom ; peu de momens après ceux
« qui le cherchoient l'ayant trouvé l'emme-
« nerent en prison.

« Quand ce jeune homme fut en prison,
« le sergent vint ches moy pour le reclamer
« et me demander un ordre pour le luy
« faire remettre par le geolier. Il me présenta
« cet engagement, je luy fis quelques objec-
« tions 1° sur ce qu'il n'estoit signé que
« du nom de Claude et de Lery sergent,
« car alors il ne l'estoit pas des deux pré-
« tendus temoins qui estoient soldats de
« recrüe ; 2° sur ce qu'il estoit écrit d'une main
« étrangere tandis qu'on devoit presumer
« qu'un rethoricien savoit écrire et enfin qu'il
« ne paroissoit point qu'il eut donné de
« l'argent pour prix de cet engagement. Il
« batit beaucoup la campagne sur mes ques-
« tions auxquelles il repondit d'un ton assés
« cavalier. Je ne pris point garde au ton,
« je pris le mien à une octave plus bas et
« je lui dis que je me ferois éclaircir de la
« façon dont cet engagement avoit été fait,

« qu'il ne fut point en peine de son pre-
« tendu soldat, qu'il estoit en sureté, et que
« s'il estoit bien engagé je le luy ferois
« rendre. Il abusa de la douceur avec laquelle
« je crus devoir luy parler ; il repliqua par
« un f. qu'il me le feroit bien rendre, qu'il
« en alloit escrire sur le champ à son colonel
« et qu'on verroit beau jeu. Je meprisay son
« yvresse ; je luy dis de sortir de ches moy
« et je rentray. Cette petite scene se passa en
« presence de quelques gentilshommes du voi-
« sinage qui avoient disné avec moy.

« Sur le soir du meme jour le geolier me
« fit avertir que ce sergent accompagné de
« quelques soldats de recrüe cherchoit à enlever
« le jeune homme en question, et qu'il vouloit
« forcer la prison. J'y envoyai quelques ca-
« valiers de marechaussée pour l'empecher.
« Il se retira dans son auberge.

« Dans cet intervale et dans la journee du
« landemain j'apris tout ce qui s'estoit passé
« tant au billard qu'au cabaret, et je jugay
« qu'un engagement de cette espece estoit
« d'autant moins soutenable qu'il estoit ques-
« tion d'un jeune homme de seize ans qui
« n'avoit pu consentir que dans l'ivresse aux
« inspirations de ce sergent. Je consideray
« en meme tems le danger pour les familles
« de tolerer qu'on allat recruter à la porte

« du college et dans un lieu où les jeunes
« etudians vont se delasser des fatigues de
« l'ecole. Je m'assuray de la surprise et
« de la supercherie qui avoit été faite à
« Claude Mical et je fis dire au sergent
« qu'il eut à le laisser tranquile. Au lieu
« de le faire il revint encore ches moy et
« me demanda d'un ton imperieux de luy
« faire rendre son pretendu soldat. Je luy
« expliquay les motifs qui me determinoient
« à le luy refuser et je luy dis qu'il eut à
« abandonner sa pretention. Il sortit en fai-
« sant l'insolent et alla tenter une seconde
« fois d'enlever des prisons le jeune homme
« en question. Ce fut alors que lassé de trouver
« tant d'opiniatreté et de hardiesse dans ce
« sergent, je donnay ordre à un cavalier de
« maréchaussée de luy dire qu'il eut à sortir
« de la ville d'Auch dans les 24 heures, mais
« au lieu de le faire, il fit le malade et se
« mit au lit. Sur le raport qui m'en fut fait
« j'ordonnay qu'on le laissat reposer ; j'en-
« voyay cependant le landemain un médecin
« pour le visiter. Il le trouva dans la meil-
« leure situation du monde et sans le moindre
« simpthome de maladie. Me voyant ainsi la
« dupe de ma modération j'avoue que j'en
« sentis tout le ridicule, et pour y mettre fin
« je renouvellay mon ordre par la voye de

« la marechaussée pour faire sortir ce sergent
« de la ville d'Auch avec assurance que s'il
« y estoit le jour d'après, je le ferois mettre
« en prison. Il sortit enfin, et je n'imaginois
« point qu'il dut estre question de cette
« affaire.

« Il semble néanmoins', M^r que M^r de
« Malauze veuille me faire un crime auprès
« de vous de la conduite que j'ay tenüe avec
« son sergent. Vous aurés la bonté d'en de-
« cider. Je viens d'avoir l'honneur de vous
« raporter dans la plus exacte verité comme
« les choses se sont passées, et si je me
« suis egaré de vos principes, j'executeray
« ce qu'il vous plaira de m'ordonner. Je suis
« etc. »

Milice.

Pour les milices, le recueil nous donne
quelques indications sur leur organisation.
Elles formaient en général des bataillons
composés de compagnies. Les hommes se
recrutaient par la voie du sort. On y pro-
cédait dans chaque communauté de la
manière suivante : les consuls dressaient
la liste des jeunes gens aptes au service

et qui n'avaient point de causes d'exemption ; on plaçait dans une urne autant de
billets qu'il y avait de jeunes gens appelés
au tirage ; un nombre de ces billets égal
au contingent à fournir étaient noirs et
ceux qui les tiraient devenaient miliciens.
Les officiers, élus par les communautés ,
recevaient leur commission du commandant de la province.

Le pays de Labourd fournissait à lui seul
un régiment de mille hommes , divisé
en vingt compagnies. Le bailli en était
colonel et choisissait les officiers sur la
proposition des communautés.

Quoique la milice put être appelée à
tenir garnison (1), l'intendant en passait
la revue. Voici un rapport dans lequel
M. de Sérilly rend compte au ministre

(1) « Trois compagnies du païs de Labourt et deux
compagnies de la Navarre furent envoyées à Bayonne
où elles demeurèrent à la solde du Roy jusqu'au
mois de may 1734 : que S. M. jugea à propos
de les licensier suivant son ordonnance du 8 dudit
mois de may. Elles furent remplacées par le bataillon de Segur des milices de la Generalité de Bordeaux. » (folio 96).

de l'état des milices d'Auch, Saint-Sever
et Saint-Gaudens.

« A Pau le 4° juin 1740

« Monsieur

« J'ay l'honneur de vous envoyer le con-
« trolle du bataillion de milice d'Auch qui a
« été assemblé le 10 du mois passé, pendant
« cinq jours seulement. Je n'ay point encore
« reçu ceux des bataillions de Saint-Sever et
« de Saint-Gaudens qui ont été assemblés les
« 15 et 20 de may, j'auray soin de vous les
« adresser successivement.

« J'ay cru en attendant, M' ne devoir pas
« differer de vous informer de l'etat dans
« lequel j'ay trouvé la milice de cette Generalité
« dont le succès m'a plus d'une fois occupé
« avant que de me rendre dans mon inten-
« dance, parce que je savois que le départ
« de M' de Saint-Contest en avoit beaucoup
« retardé les preparatifs et les operations.
« La vigilance de M' Daignan a suppleé en
« mon absence à ce qui manquoit, il a fait
« distribuer les congés aux miliciens dont les
« six années de service se sont trouvé re-
« volties. Il a ensuitte pourveu à leur rem-
« placement. Et je dois avoüer que j'ay eté
« etonné qu'en si peu de temps, n'ayant receu
« des ordres qu'à la fin de mars, il ait pû

« parvenir à faire assembler les bataillons aussi
« tôt qu'ils l'ont été.

   « Le bataillon d'Auch, quoy que fourny par
« certains cantons où l'espece des hommes est
« la moins belle, s'est trouvé bon, et on peut
« le dire beau. M' Daignan en a fait l'ins-
« pection luy meme et a reformé tout ce qui
« lui a paru n'etre pas propre au service. Les
« officiers s'i sont tous rendûs et se sont
« occupés à exercer les soldats autant que
« la brieveté du tems l'a pû permettre ; chaque
« soldat a eté gratifié d'une bonne paire de
« souliers : c'est un petit attrait qui les flatte et
« qui ne contribtie peut-etre pas peu à rendre
« les assemblées complettes. La province fait
« les frais de cette fourniture. Il en a eté usé
« de meme pour les autres bataillons.

   « Le bataillon de Saint-Sever n'est pas
« beau. M' Daignan s'i est rendu pour le voir
« assemblé, il a eté temoin de la formation
« des compagnies et de la division des es-
« couades. Les communautés qui fournissent
« à ce bataillon sont en parties voisines de
« la mer, et de certains païs privilegiés et
« exemps de milice. Les garçons s'i retirent
« pour se soustraire au sort, en sorte que
« ceux qui restent sont toujours en petit nom-
« bre et de mediocre taille. Les levées s'y font
« conséquement avec difficulté, et les succés

« ne repondent presque jamais aux vües des
« commissaires, chargés de cette operation.
« Cependant par la reforme que Mr Daignan
« y a faitte, il a trouvé qu'à une trentaine
« d'hommes près qui luy ont paru un peu bas
« mais qui d'ailleurs sont jeunes et de belle
« esperance, cette troupe seroit en état de bien
« servir s'il en estoit besoin.

« Le bataillon de Saint-Gaudens est le plus
« beau des trois, il est composé pour la plus
« grande partie de soldats levés dans la Bigorre
« et dans les villages des Pyrennées, où les
« hommes ont de la taille et de la tournure.
« J'apprens neanmoins que l'espece y devient
« rare par rapport aux mariages prematurés
« qui s'y font, ce qui ne contribue pas peu
« à y rendre les operations de la levée difficiles.
« Quoy que le fond du bataillon soit très bon,
« il y aura cependant quelques hommes à
« reformer l'année prochaine, on l'auroit fait
« dès cette année s'il s'y fut trouvé de l'etoffe,
« mais le pais de Couzerans, trop voisin à
« cet egard de l'Espagne, n'ayant pas fait
« rendre ses miliciens assés à temps à l'as-
« semblée, on n'en a pas eu suffisament pour
« en choisir. Les soldats de ce bataillon ont
« eté exercés et les officiers ont fait sur cela
« tout ce qui a pû dependre d'eux.

« La plupart des habits des trois bataillons

« sont usés, ils sont bien reparés d'ailleurs.
« Mais il seroit utile de les faire parfumer
« pour en chasser la vermine s'il y en a ou
« pour la prevenir. Mr Daignan m'assure que
« cette precaution ordonnée par feu M^r d'An-
« gervilliers (1) n'a pas eté executée l'année
« derniere, parce que l'on a refusé d'en faire
« payer aux gardes magazins la depense quoy
« que d'un mediocre objet. Il l'a juge cependant
« indispensable.

« Mr Daignan m'a rapporté , M^r que le
« bataillon de Saint-Sever n'a point eté armé
« par une raison toute simple , c'est qu'il
« n'y a point des armes en suffisante quantité
« dans le magazin. Ce bataillon eut ordre de
« les laisser à Blaye d'où il sortit en 1736. Je
« vais m'informer en quoy consiste l'armement
« qui existe actuellement à Saint-Sever , et
« j'auray l'honneur de vous en rendre compte.

« Permettés moy , M^r de vous parler
« presentement du travail que Mr Daignan a
« fait en mon abscence tant pour le licenci-
« ment des anciens miliciens que pour leur
« remplacement. Le peu de temps qu'il a eu
« pour faire ces différentes operations l'a mis
« dans la necessité de se pourvoir de deux
« commis d'augmentation qu'il a payé de ses

_____

(1) Prédécesseur de M. de Breteuil.

« deniers, il a été obligé en outre de se
« deplacer pour aller voir les bataillons as-
« semblés, tout cela ne se fait point en ce
« pais où les voyages sont difficiles sans de
« gros frais. J'ose vous suplier d'y faire une
« attention favorable. M' Daignan est homme
« d'un vray meritte et d'une probité reconnüe,
« peut etre le jugerés vous digne d'une marque
« de vos bontés en cette occasion.
    « Je suis etc. »

Matériel.

L'intendant était chargé du soin des
bâtiments militaires ainsi que du matériel
et des fournitures.

L'entretien des bâtiments incombait aux
villes. Plusieurs dépêches de l'intendant
d'Auch se rapportent à des édifices situés
dans la ville de Bayonne (magasin d'artillerie,
château, citadelle, — entrepôt de poudre, —
hôpital militaire). Nous voyons par les trois
dernières combien M. de Sérilly fut affecté
d'un reproche de négligence que lui adressa
le ministre sur le rapport d'un commissaire
des guerres. M. de Sérilly tenait d'ailleurs

au bon entretien des bâtiments ; il supprima un abonnement de deux cent cinquante livres pour réparations locatives de la maison servant d'hôpital, que la ville de Bayonne avait consenti au propriétaire, le sieur Dehureaux, subdélégué de l'intendant, et ordonna que les réparations auraient lieu au fur et à mesure des besoins.

L'intendant réglait les difficultés qui pouvaient s'élever avec les fournisseurs sur l'interprétation des marchés ou sur des faits imprévus. M. de Sérilly se tenait en garde contre l'insatiable rapacité des traitants : il refusa par des raisons aussi précises que judicieuses aux commis des entrepreneurs de la fourniture des lits militaires de leur faire donner par les communautés la paille nécessaire à la garnison de Bayonne. Cette paille, dont on ne faisait aucune consommation dans le pays, se payait seulement cinq ou six sous le quintal. (1)

---

(1) Le prix commun de la ration de fourrage était en Gascogne, au mois de septembre 1740, de neuf sous onze deniers (f° 81 v°).

L'intendant faisait vendre le matériel hors de service et en remettait le produit au trésorier de l'extraordinaire des guerres.

Nous trouvons dans un rapport du 23 juillet que 13,000 sacs vides emmagasinés à Bayonne furent vendus à raison de sept sols neuf deniers l'un.

L'hôtel des invalides existait depuis plusieurs années. M. de Sérilly veut faire profiter ses administrés de cette bienfaisante institution; il propose de « donner les Invalides » à un ancien soldat du régiment de Senecterre, que les eaux de Barèges n'ont pu guérir d'une plaie considérable à la cuisse. Ce soldat était à l'hôpital d'Auch, fondé seulement pour les pauvres de la ville. Celui de Saint-Jean-de-Luz, au contraire, devait être bien approprié pour les soldats invalides, car l'un d'eux, y mourant, lui fit un legs verbal; mais en l'absence de testament, M. de Sérilly proposa de n'allouer à cet hôpital que cent cinquante livres, à prendre sur le montant des effets du donateur.

Au reste, notre intendant ne perdait point

de vue les intérêts de la province qui lui était confiée. Le 12 octobre, il demande au ministre quatre escadrons de cavalerie ou dragons, un bataillon pour Auch et un autre pour Lectoure, Fleurance et Gimont « pour y accelerer les recouvrements par la consommation des denrées, » dissimulant ainsi l'intérêt de l'agriculture sous l'intérêt qui était alors le plus puissant, celui du fisc.

Nous ne nous arrêtons pas aux lettres d'envoi du compte des recettes et dépenses faites par le trésorier général de l'extraordinaire des guerres du département. Un accusé de réception des états d'appointements des officiers réformés et des commissaires des guerres, une lettre d'envoi de l'état des pensionnaires décédés et une lettre d'envoi de l'état des officiers qui sont allés à Barèges, en 1740, pour y prendre les bains, certifié par le sieur de Vignes, directeur, nous font regretter pour l'histoire de la province et la statistique de n'avoir point un double de ces états.

La seule lettre adressée au maréchal

d'Asfeld n'est que pour accompagner l'envoi
d'une expédition du compte des recettes et
dépenses faites pendant l'année précédente
pour les ouvrages de la barre de Bayonne
et ceux des fortifications des places de cette
frontière. Ce compte n'a pas été non plus
copié.

Les logements militaires et le soin des
étapes ressortissaient aux finances. Les étapes
étaient adjugées chaque année. Pour 1741,
personne ne s'étant présenté à l'adjudication,
les fermiers généraux firent une soumission
pour onze sous par ration de fourrage et
vingt sous par ration de fantassin. Pendant
les six derniers mois de 1739, il n'était
point passé de troupes dans la Généralité.

Le 2 septembre, l'intendant envoie à M.
d'Ormesson un état pour le logement des
troupes qui doit être payé pendant l'année
1741 aux officiers d'artillerie et de la marine, aux marins, aux ingénieurs et aux
commissaires des guerres employés et ré-
sidants dans son département. Cet état
s'élève à 7,150 francs avec une augmentation
de 600 francs sur celui de 1740 à cause

de l'emploi de deux nonveaux ingénieurs
à Bayonne, lesquels sont compris dans l'état
pour 1740 et 1741.

Marine.

Deux dépêches au comte de Maurepas se
rapportent aux affaires de la marine.

L'une constate la publication d'un jugement rendu par les commissaires du Conseil,
qui accorde un nouveau délai aux propriétaires de droits maritimes pour représenter
leurs titres. Dans l'autre, M. de Sérilly fait
savoir au ministre que, conformément aux
ordres qu'il a reçus de lui et sans attendre
ceux du contrôleur général, il prend des
mesures pour faciliter les achats de grains
des sieurs Callas, Chabert, Sallon et Blan-
quette au compte du munitionnaire de la
marine et empêcher qu'il ne soit fait
d'autres achats particuliers.

TABLE DES MATIÈRES

TROISIÈME PARTIE

Foix, imprimerie Veuve POMIÈS — 722.

www.ingramcontent.com/pod-product-compliance
Lightning Source LLC
Chambersburg PA
CBHW072041090426
42733CB00032B/2057